THE TRUTH TO
STUDYING ABROAD

留学の真実

高野 幹生
MIKIO TAKAN

IBCパブリッシング

装幀	PARK. Sutherland Inc.
本文デザイン DTP	コン トヨコ

まえがき

　日本で教育を受け、いま社会人になっている人は最低でも中学の3年間、ほとんどは中高の6年間、大学で取る場合は10年間かそれに近い間英語をこつこつと勉強してきた訳ですが、実際まともに仕事で使える人となると結局海外にいた人がほとんどです。ほとんどというより、個人的には留学などで海外に滞在せずに英語をスムーズに、仕事に支障ないレベルで話している人には、今のところ出会った記憶がありません。世界的にも有名な勤勉さを誇るこの日本人を見回して、です。

　私は結局、語学力というものは反復練習の賜物でしかなくて、そこに魔法みたいなものはないと思っています。英語を聞いて理解できるようになりたければ量を聞くしかないし、上手く話せるようになりたければ量を話すしかないし。「聴くだけでペラペラに」なった方は少なくとも私が中高生だった四半世紀ほど前からたくさんいたはずですが、なぜかいまだに広告以外でお目にかかったことはありません。本当に教材が売れまくって、本当に効果があるのであれば、本当に不思議な話です。現実味のある話としては、もし魔法みたいに効果的なものがあるとしたら、多分それは好きな人ができた

とか、人でなくてもスポーツとか映画とか何か夢中になれるものを見つけたときだと思います。その人のことを知りたいとか、物事の中身を突き詰めたいとかいうときに、電子辞書片手に時間を忘れて話を聞いたり文章を読みふけったり、あるいは一所懸命自分の考えを伝えようとしたり質問したりして、結果的に無意識に反復練習をしているのだと思います。留学で大半の人が話せるようになって帰る理由は、現地でどうしても話したい人やトピックが現れたり、逆に話さないと生きていけない（卒業できない）状況に追い込まれたり……理由はともあれその「反復練習」の明確な目的が見つけられるからだと思います。

　量が語学のレベルを左右すると仮定すれば、日本人がリーディングではある程度できるのにスピーキングができない（TOEFLを運営するETS社のデータによると2013年のiBT平均点で日本より低い国は地球上に存在しません）ことの説明がつきます。少なくとも私は中高生の英語のクラスと入試を含めたテストという目的で、かなり文法を鍛えられましたが、スピーキングのトレーニングをした記憶がありません。もしかしたら数カ月に1回、授業中に当てられて1センテンスくらいの音読はしたかもしれませんが、その程度です。

　外語大と名前のついた大学の授業を受けたときでさえ、たいていは教授がどこからかコピーしてきた新聞の切り抜きを自分で読んで授業が終わった気がします。英会話のクラスでも隣の日本人の学生と向かい合って"Hello. My name is..."と子ども英会話の1年目でやるような自己紹介をしたくらい

の記憶しかありません。それと、その外語大の英会話のはじめのクラスでは黒板に書いてあったアルファベットも皆で読みながら確認しました……それをスピーキングの一部と呼ぶのであれば、ですが。そんな具合ですから外語大に行って英語を専攻しても平均的な学生は自然に話せるようにはなりません。せいぜい卒業するまでには隣の席だった学生が「ネズミ」と「口」の違いを英語で分かるようになったり、反対側の隣の席に座っていた学生が「レストラン」のつづりを英語で書けるようになるくらいです。ただこれも彼女たちがそうなったのを自分で確認したわけではないので断言はできません、あくまで希望的観測です。

　そんなことが起こっている間に世の中は変わってきたのです。円高や地震や国内マーケットの冷え込み、世界トップクラスの高齢化などで企業は生産もマーケティングも海外へシフトしつつあり、それに伴って純粋で伝統的な日本企業であっても日本語だけを話し、日本のことだけしか知らない日本人へのニーズは減ってきています。それよりも、日本人でありながらも英語を話し異文化を理解し尊重して多国籍なチームで働ける、さらにはそんなチームでリーダーシップを取れる人材が求められています。そしてそうなるには単に英語を知っているだけではなく、実際にそんな多国籍な環境に身を置く必要があります。つまり海外での実経験がそれを強力に後押ししてくれるのです。

　もう日本や日本人が待ったなしの状況に追い込まれているにも関わらず、統計をみると、いまだに留学生数は減り続

け、内向きと言われるような結果が出ています。でもその理由や背景を見ていくとそれは情報の少なさ and/or 必ずしも正確でない情報から都市伝説と言っていいような固定観念によるものであるようにも感じます。

　この本は海外留学を少しでも考える方が、より多くの選択肢からより賢い方法でそれを実践していただけるよう、また海外留学をあきらめてしまっていた方が「これだったら行けるかも」と考えていただけるような内容を盛り込んだつもりです。

　一人でも多くの方がこの本を読んで留学や海外生活がもう一部のお金持ちやエリートのための特別なことではないことを理解していただき、より自分に合った選択肢を見つけて輝かしい将来のキャリアにつなげてもらえることを願います。

2014年12月
高野　幹生

もくじ

まえがき………………………………………………… 3

PART 1
英語力をアップするには 海外留学が一番の近道　13

日本人の英語力は世界最低レベル！……………… 14

「受け身」で理解できるが、「発信」できない………… 15

期待できない学校の英語教育……………………… 16

英語ネイティブの国で学び、暮らす体験 =「留学」…… 17

国の留学支援策「トビタテ！ 留学JAPAN」………… 19

「留学」を足踏みさせている原因は？ ……………… 21

「留学エージェント」というプロフェッショナル……… 22

高校留学の真実　　　　　　　　23

話題の「スポーツ留学」も選択肢の一つ………………24
野球を捨ててベースボールを……………………………26
語学力は大きな問題ではない……………………………28
英語の成績が良い人ほど要注意…………………………29
海外でリセットするのもアリ……………………………30
帰国子女枠特別入試という選択肢………………………32
帰国子女枠入試に関する調査……………………………33
これでも高校留学は高い？………………………………35

COLUMN　高校留学生の体験談……………………38

国内の高校進学とは一味違う進路がある！……………40
日本人のアイデンティティ………………………………44
留学するのは、いつがいいのか…………………………46
卒業後の進路………………………………………………47
現地校卒業は必須ではない………………………………48
国際バカロレア（IB）資格………………………………49

語学留学の真実

- 語学習得とは別の価値を見つけたら本物 …… 54
- 語学留学の典型的な日々 …… 57
- 語学学校は大別して2種類 …… 63
- 語学学校のプログラムと特色 …… 65
- *COLUMN* 客室乗務員 留学体験記 …… 67
- 語学学校の選び方と落とし穴 …… 69
- 一番気になる語学留学の費用 …… 73
- 語学留学の算数 …… 75
- 国別の留学受け入れ事情 …… 77
- ジュニア（サマー）プログラムの重要性 …… 84
- *COLUMN* 留学体験記 …… 86
- 学校にまかせれば安心なのか …… 88
- *COLUMN* 留学体験記 …… 90

ワーキングホリデー、インターンシップの真実

97

ワーキングホリデー……………………………………98

「ワーホリ」で語学力アップは期待できるか？…………106

インターンシップって何？………………………………108

ワーホリとインターンシップの組み合わせとは？……110

日本＋世界で仕事をする選択……………………………112

COLUMN インターンシップ体験談……………………115

海外の大学・大学院進学とディプロマの真実　　123

- より本格的な留学を考える……………………………124
- 国内大学進学より安い留学方法………………………126
- 海外留学の費用対効果…………………………………127
- 高校中退でもリベンジするチャンス……………………128
- アメリカでは大卒の45％がコミカレからの編入組……129
- 名門大学への進学も十分可能…………………………132
- 海外で単位を取って日本の大学を卒業………………133
- イギリス系の大学は３年で卒業………………………134
- 「飛び級」「２つの学位取得」ができるのも魅力………137
- 「サーティフィケート」と「ディプロマ」とは？…………139
- アメリカのサーティフィケートは効果大………………141
- 海外大学院への進学を考える時代……………………143
- MBAはやはり高評価……………………………………144

留学準備と海外生活の真実　　　147

- ホームステイか寮かアパートか……………………148
- ホストファミリーへお土産は必要？……………151
- その他ホームステイで気をつけること……………152
- 留学の手続きはどうすすめるのか？……………155
- 留学に役立つ情報源は？……………………………157
- 留学エージェントの価値とは？……………………159
- 留学エージェントの適正な手数料………………161
- 「語学検定」はどれを受けるべきか？……………163
- 留学に「保険」はなぜ必要か？……………………167

COLUMN　費用を最小限に抑えるオススメの英語勉強法………169

あとがき………………………………………………174

巻末資料1　おすすめ留学先「学校情報」………………178
巻末資料2　文中の資料出典リスト……………………200
巻末資料3　留学の準備に役立つリンク先情報…………203

PART 1

英語力をアップするには海外留学が一番の近道

日本人の英語力は世界最低レベル！

　日本人は何年も学校で英語を学び、進学テストの必須科目なのだから、それなりの英語力を持っていると考えるのは自然なことでしょう。でもここに、案外知られていない常識があります。国際的に比較すると、日本人の英語力は世界最低レベルだということです。[※1]

　調べたのは、日本でも有名な英語検定試験 TOEIC／TOEFL を運営する米国 ETS 社。

順位	国　名	TOEFL スコア
1位	オランダ	100
2位	シンガポール	99
3位	オーストリア ベルギー デンマーク	98
⋮		
70位	韓国	82
102位	中国	77
⋮		
137位	カメルーン クウェート 日本	69
⋮		
163位	ガンビア	58

全体では137位と決して胸を張れる数字ではありません。しかし、百歩譲ってここはまだ良いとしましょう。日本の学校で主に力を入れているリーディングはアジアで平均レベルなのですが、実践で最もキーとなるスピーキングとなるとアジアで最下位、そして世界でも最下位。唯一の救いは日本が単独での最下位ではなく、アフリカのコートジボワールが汚名をシェアしてくれていることくらいでしょうか。

　これを社会人（新入社員）で調べた結果も公表されました。2014年にやはりTOEICの実施・運営団体である国際ビジネスコミュニケーション協会が行ったTOEIC IPテスト（団体特別受験制度）によると、企業における新入社員の平均スコアは500点で、昨年よりも低い結果になったというのです。事態はさらに悪化しているのです。

「受け身」で理解できるが、「発信」できない

　これらの調査結果から見えてくるのは、日本人の英語力がひどく偏っているということです。つまり、紙に書かれたことや言っていることはある程度わかっても（「受け身」）、「発信」つまり自分の意志は伝えられないという状態です。
　自分の学校あるいは職場に外国人がいることを想像してみ

てください。こちらの意思は何とか伝わっても相手の意思がほとんど見えてこない、これでは一緒にいて楽しいはずはありません。ましてや真剣勝負の仕事の現場となるともうお手上げで、人事や上司に文句の一つも言いたくなるでしょう。残念ながら我々の語学力は外から見ればそんな状態です。

期待できない学校の英語教育

　言葉はコミュニケーションの道具です。しかし、その使い方が偏っていて、実用的でないのです。日本人は英語というものを、受験の道具くらいにしか見ていなかったのではないでしょうか？　ここでもガラパゴス化は進んでしまっています。

　世の中これでもかというくらい「グローバル」という言葉が氾濫し、多くの日本企業が「日本市場だけではやっていけない」、あるいは「日本市場に入ってくる外資とせめぎ合いをしなければならない」と危機感を持っています。しかし、この状況でもまだ我々日本人の英語力は何十年も前からあった問題にいまだ対処できていません。近年、小学校低学年から英語を必須にするとか、高校は英語で授業する、ということですが、まず先生が英語を話せないのですから根本的に変

わらないでしょう。文科省の平成17年度目標は、「英検準1級程度以上」が中学で50％、高校で75％、でも実情はその半分ぐらいです。外国人の先生が教室にいて私たちが子供のころよりましになっているといっても、まだまだほんの少しの時間でしかありません。言語は習うより慣れろですから、こんなことで英語が話せるようになったら奇跡です。

この先、50年も待てるのであれば話は別でしょうが、5年先、10年先にどうにかしようと思うのであれば、国や学校に頼らず、いま自分で動くしかないのです。

英語ネイティブの国で学び、暮らす体験＝「留学」

具体的にどう動くか？ 自分から違う世界に入って環境を変えるしかありません。転職でも転校でも、環境が変わることにリスクを感じることもあるでしょうけれど、考えて頂きたいのは何もしないリスク。前述の通り日本人が日本のことだけを考えてやっていける「ぬるま湯」の時代は終わりました。もしかしたら今の日本人は徐々に水温が上昇してやがては沸騰してしまう水に浸かったままの「ゆでガエル」かも知れません。

ひっくり返ってしまう前に、語学はもちろんのこと文化面、学術面、経済面で世界を体験するということは、たとえ

将来的に日本をメインに活動する上でも大きなプラスになるでしょう。つまりそれには留学がやはり効果的なのです。

こう書くと、皆さんの中には「それを言うのは簡単。でもお金も時間も英語力もない、もっと現実的な話を聞きたい」という方もいるかもしれませんが、そんな方にこそ読み進めていただきたいと思っています。知られざる「留学の真実」をお伝えして、あなたに本当に価値のある選択をしていただくのが本書の役割だと思っています。

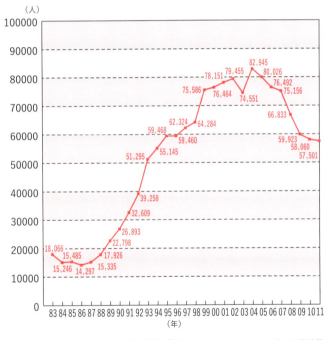

出典：OECD「Education at a Glance」、ユネスコ統計局 IIE「Open Doors」、中国教育部、台湾教育部

そんなことを尻目に日本人留学生は減り続けていると言われています。確かに2004年のピークから全体で3割も減っていて、これは若者の人口減を大きく上回ります。

　ただしこの文部科学省の「最新」である2014年発表の数字[※2]は実際には2011年のOECDデータなど少し古いデータをもとにしていること、データの下降がそれ以前と比べて緩やかになっていること、そしてこの「留学者数」は語学留学を中心とした比較的短期の留学者数を反映しておらず、その語学留学だけ見ると、たとえばアメリカは2012年の数字で前年比20%近く伸びていること、進学を含めた全体でも2013/14では全体で前年比マイナス1.2%と下げ止まっているという明るい材料もあるのです。[※3]

　とは言っても1994年から1998年まで国籍別で首位をキープしていた日本人留学生数が2013年の数字で60%も減っていること、現在7位に転落し首位の中国とは約10倍もの差をつけられているという現実を考えると、決して楽観していられる状況ではありません。

国の留学支援策「トビタテ！ 留学JAPAN」

　世界最低の英語力、留学生の減少などに危機感を持つようになった日本政府が、2013年10月から官民あげて「留学促

進」に乗り出すキャンペーンを始めました。それが「トビタテ！留学JAPAN」プロジェクトです。[※4] これは、民間企業が出資し安倍総理の「意欲と能力のある若者全員が留学できるよう、官民が協力して、若者の海外留学を支援する新たな仕組みを創ります」というコンセプトのもと、「2020年までに、留学する若者の倍増を目ざす」というものです。ちなみに目標は、大学生の海外留学を12万人（現状6万人）に、高校生の海外留学を6万人（現状3万人）にするというもの。検討されている支援策の中には奨学金もあります。

　が、「在籍大学等で設定された期限までに、在籍大学等の事務に提出。」、「応募学生申請書類及びデータは、在籍大学等を通じ機構に提出されます。」etc. 本当に留学生を増やしたいのであれば、大学、大学と言わず民間のエージェントも利用するべきだと思います。もちろんエージェントも学生も質の担保は必須ですからフィルタリングをかける必要があります。逆に大学はちゃんとフィルタリングをかけられて質の高い大学の質の高い人たちが意味のあることをやってこの税金なり企業からのお金を使っているのか？これから高校バージョンも始まるようですが、高校の先生はそのあたりハンドルできるのか？ 正直私には見えません。まだ始まったばかりのプロジェクトですが、今後は大手企業がお金を出すだけでなく、プロフェッショナルな留学エージェントの活用を含め、草の根レベルで産学官が一体となり、日本を再生していけることを願っています。

「留学」を足踏みさせている原因は？

　留学をする学生が増えない大きな要因の一つに、学校の進路指導の先生などの考え方や知識不足もあると思っています。

　留学エージェントである私や当社スタッフの体験ですが、こんなことがありました。

　ある進学相談会に海外進学相談ブースを出して参加したときに、某高校の進路指導の先生から「うちの生徒が話を聞きにくると思いますが、あまり海外の大学を薦めないでくださいね」と釘を刺されたというのです。

　また、これまで相談にきた複数の保護者の方に聞いたのですが、本人が海外進学をしたいと言っても高校の進路指導の先生からは国内の大学を目指すよう諭されるというのです。

　どうやらこれは例外的なことではないようです。そして、残念ながら大多数の高校の進路指導の先生方は、国内の大学ほどには、海外の大学や留学の知識または経験をお持ちでないのだと思います。

　学校の方々は概して民間の「業者」を排除したがるように感じますが、最優先すべきは生徒の希望や意志であり、それをサポートすることが関係者の使命のはずです。

「留学エージェント」という プロフェッショナル

　自分の体験から言っても、若い人は自分の未来に関して直観的なアンテナを持っていると思います。その中には、「海外で学んでみたい」と漠然と考えている人もいるはずです。そうした人たちに、最新で正確さらにその人に合った進路を見せてあげる専門家が必要なはずです。それが「留学エージェント」です。

　私たちのようなエージェントが、海外留学に関するプロフェッショナルとして、学校と手を組んで、大げさに聞こえるかもしれませんが最終的には日本の将来のために活動すべき時期が来ていると考えています。

　本書では、いろいろなパートを設けて、留学に関する最新の情報を、整理して説明し、読者の皆様の関心にお答えしながらナビゲートしていきたいと思います。

PART 2

高校留学の真実

話題の「スポーツ留学」も選択肢の一つ

　テニスの2014年USオープンやATPツアーでの錦織圭選手の活躍で「スポーツ留学」がメディアでも話題になりました。

　彼が13歳から通っていたIMGアカデミーという学校は、スポーツ留学をするのに最も理想的な環境が整っている学校の一つで、ボーディング（boarding）つまり親元から離れて寮や下宿から通わせるタイプです。これまでにマリア・シャラポワ、（ヴィーナス／セリーナ）ウィリアムズ姉妹、マルチナ・ヒンギス、アンドレ・アガシ、ボリス・ベッカーというテニス界のビッグネームを数多く輩出してきた超名門校であり、ゴルフ分野なら宮里美香選手などが、サッカーなら中田英寿選手もここでトレーニングを積んでいます。でも、これほどの学校でも卒業してすぐプロになれるのは2%程度です。

　では残りの98%は失敗したかといえば、そんなことはありません。奨学金や推薦による学費免除などの特典を受けて大学に進学する人が多いのです。そして大学でもプレーを続けます。学生の60%程度が海外出身者ですが、進学に必要な語学力を在学中に身に付けてしまいます。それは錦織選手のインタビューを見ればおわかりになりますが、彼は渡航時（2003年、13歳）にはまったく話せない状態だったのです。

IMGアカデミーのようにプロを目指してタレント（能力）を伸ばす学校は世界中にたくさんあります。野球、サッカー、ゴルフなどのスポーツだけでなく、音楽や美術、舞台芸術の分野にもあります。それらはタレント教育のほかに語学などの学校や寮施設も持っているところが多く、すべてを利用すると高額にはなりますが、錦織選手のように国内のファンド（基金）から助成を受けて入学するケースも多いのです。

　私見ですが、錦織選手がIMGアカデミーで学んだのは世界一流のテニスの技術と語学力だけだったとは思いません。スポーツを通して多国籍チームの中でのチームワーク、さらにはリーダーシップまで学んだはずです。彼らは比較的早い時期から親元を離れるのですから、サポート体制は整っているとはいえ、自立しないといけませんし、プレッシャーもありますから、メンタルも相当鍛えられると思います。これが大きな収穫です。
　つまり語学力が高まるということは、その多くの収穫のごく一部の単なるコミュニケーションのツールであり、その先の本当の目標を達成しようとするときに生み出された「副作用」とさえ言うことができるでしょう。
　IMGアカデミー卒業生のほとんどは大学へ進学します。しかもハーバードやスタンフォード、イェール大学といったこれまた超名門校へも多く進学しています。これは特にこういった世界の頂点に君臨する大学の場合、勉強ができるのは

当たり前であって、スポーツで優秀な成績を残していることが大きく評価されて有利に働くのです。

ともすればスポーツ留学は一か八かのギャンブルのように思われがちですが決してそうではなく、こういった例から分かるように通常の留学にもまして多くのメリットを含んだ留学形態と言えます。もちろんそれに挑戦するには相応の覚悟と努力が必要になることは言うまでもありませんが、今回錦織選手が証明してくれたように限りなく大きなものが得られる可能性もあるのです。

野球を捨ててベースボールを

たとえば、野球留学というと一般的には強豪がひしめく大阪や神奈川などから東北や山陰の高校に進学して甲子園を目指すことという使われ方をしていますが、ここでは本当に海外に留学してそこで「ベースボール」をするというものです。もちろん日本はワールドベースボールクラシックでも優勝する世界でも有数の野球大国ですが、甲子園での連投に象徴されるように成長期の子供の体を酷使しその結果多くの有望な選手がその選手生命をリスクにさらされているあるいは実際に絶たれているとアメリカで議論になっています。また旧態然とした指導法や先輩からのいじめ、必要以上の

縦社会に嫌気がさしてせっかくの才能を開花させずに選手生命を終えることがあるとすれば、そんなにもったいないことはありません。ここでご紹介したいのは、そんな中でアメリカやカナダの高校に進学し、より近代的な設備と先進的なスポーツ理論に基づいて別のアングルから野球の頂点を目指すというものです。テニスで有名な IMG アカデミーはそんな選択肢の一つで、野球でもメジャーリーガーを数多く輩出していることで有名です。ただし年間に800万円程度の費用が掛かります。これが複数年となると、それを捻出できる家庭はそんなに多くあるとは思いませんし、錦織選手のように大企業から奨学金がもらえるのは特別なケースです。でもたとえばカナダの公立高校でハイレベルなチームがあったりしてそこを狙うことは可能でしょう。バンクーバー郊外、アボッツフォード教育委員会が紹介するイェールアカデミーではメジャーリーグのスカウトも務めるスタッフ複数がコーチとして率いていて、ここは公立高校であることから野球プログラム学費にホームステイ費用を加えても年間200万円台前半で抑えられ、実績などによって奨学金が得られる可能性もあります。そういった選択肢はあるものなので、本格的に検討しようと思うのであればぜひ一度相談してみてください。そういう行動力を試すところから留学は始まっているのです。

語学力は大きな問題ではない

　進学相談会などで海外留学を躊躇する理由の一つとして、費用について最も多いのは「語学力に自信がない」というものです。現地では全て英語で授業が行われるのですから当然のこと、英語が理解できないと内容もわからないわけです。

　しかし、多くの場合、留学生向けに英語のコースが用意されています。ここで数週間から数カ月間、英語と環境に慣れてもらって、徐々に現地の授業に入っていくというのが一般的です。日本にいるときと違って生活が全て英語になるわけですから言葉の吸収も早く、過去に多くの留学生がそういったプロセスで問題を克服してきているので、特に語学力が渡航前にないからといって心配することはありません。

　留学生の受け入れに積極的な学校では通常、語学以外にも何か困ったことがあれば相談できるカウンセラーがいます。きちんと留学生へのケアができる学校さえ選べば、多くの問題は解消されます。

英語の成績が良い人ほど要注意

　語学力がない人が留学に躊躇すると書きましたが、むしろ気をつけないといけないのはその逆で、日本の学校で成績が良く、自信を持ってしまっている人です。恥ずかしい話ですが私自身がこの典型でした。他の教科は壊滅的でしたが、英語の成績だけは良く、天狗になってオーストラリアに行ったところ、相手が何を言っているのか分からないし、こっちが言っていることは何回も聞き返されるしで場の雰囲気がしらけて、もう本当に英語で話すのがイヤになって特に大人数の集まるパーティーなどは予定もないのに断っていたほどです。相手の言っていることが分からなくても普通に笑顔で聞き返せば問題はなかったのでしょうが、プライドが邪魔をして分かっているふりをしてしまったり、話すときにはネイティブ並みの発音にしないとと思い、自信がない単語は避けていました。一度こうなってしまうと、聞くときには話の内容よりも「分かるかな…」と考えてしまうし、話すときには余計なことに気を使い、心も折れてしまっているから声も小さくなってしまい余計にコミュニケーションが取れないという悪循環になってしまうこともあります。ある意味で英語初心者として理想的な振る舞いは、日本のプロ野球からメジャーリーグのトロント・ブルージェイズに渡った川崎選手

で、あれだけ言葉のハンデを抱えながらファンにも同僚にも人気があるというのはすごいことだと思います。そうなると英語がよく分からないことが逆にチャームポイントになり、面白いから人が寄ってきます。そしてコミュニケーションの機会が多いから、自然と英語が分かるようになってくるのです。川崎選手は当時の自分に見せてあげたいお手本です。

海外でリセットするのもアリ

文部科学省の「平成23年度 児童生徒の問題行動等生徒指導上の諸問題に関する調査」結果[※1]によると、高校における不登校者数と退学者数はそれぞれ5万6000人、5万3000人を超えています。これは60人に1人という割合だそうです。もちろん、さまざまな背景があって誰にでも当てはまる訳ではないのでしょうが、一人一人の個性をより尊重し自由な発想がしやすい海外の新しい環境で再出発することで、日本では考えられなかったような成果を残すことができる生徒もこの中には一定の割合でいるはずです。

和を尊ぶ日本では、一旦レールから外れてしまうと軌道修正をして元に戻ることが簡単でない場合があります。これは大学の話になりますが、私自身休学し、復学したときに1つ年下の学年にあたる2年生のクラスに入り、最初の体育の

授業で「ん？　誰この人？」という視線を感じつつ、卓球のペアが見つからないという寂しい経験をしました。日本には儒教の影響からか良くも悪くも年齢を非常に気にする文化があり、特に思春期、そして特に私のように体育会系の部活動を経験していると、よりその傾向が強く出るような気がします。

　そんなときに、このように年齢でどうこうということが比較的少ない欧米のカルチャーでやり直せる、特に日本では strange（変わっている）という否定的な評価を受けたとしても海外では単に different（違っている）あるいは unique（個性的）といった、もっと肯定的な評価でその個性を伸ばせるとしたら、それはその生徒にとって将来をより良い方向に大きく変えられる可能性を秘めたチャレンジになるのではないでしょうか。

　再度強調しますが、これは全員に当てはまる訳ではありませんし、無気力がベースになっていては海外に行こうが日本にいようが大きく状況は変わらないでしょう。本人が環境を変えて本気でやり直したいと考えるのであれば、それは2年遅れていたとしても思い切ってチャレンジするに値することだと信じています。そういった学生を受け入れる懐の深さを持っている学校は、必ず見つかるはずです。

帰国子女枠特別入試という選択肢

　早い（若い）うちに留学し、海外の高校を出た場合の進路にもたくさんの選択肢があります。そのままその国の大学に進学する、非英語圏で、英語で授業を提供している教育機関に進学する、日本の大学等に進学するといった具合です。

　とくに日本に帰って大学進学する場合は、帰国子女枠＝帰国子女（帰国生）特別入試も使えます。最近最も注目されている大学の一つである秋田教養大学の一般選抜試験は13.4倍ですが、特別選抜試験倍率は5.6倍です。同様に2014年度の青山学院は一般入試の倍率が6.1倍なのに対して特別入試は2.7倍。早稲田大学も一般選抜で6.1倍、帰国生選抜は4.2倍となっています。海外の高校を卒業して日本国内の大学を受験する場合、このルートでの受験が可能になります。

　多くのウェブサイトや書籍などの情報では「保護者同伴の海外滞在でないと帰国子女とは扱われない」とありますが、今回私自身で日本国内の主要大学の2015年入試要項を確認し、各大学に電話でも確認したところ、8割以上の大学において単身での海外留学も対象にするとのことでした。

　要は「親の海外赴任の都合」などの理由は関係ないのです。考えてみれば当たり前の話でこんなことが理由になるこ

と自体がそもそもおかしな話です。逆にその「生徒のみの単身留学は対象外」と回答した大学にその理由を確認したところ、「帰国子女枠を狙って海外に行かれると困るため」とのことでした（ある意味これが帰国子女受験の有利さの証明と言えるかも知れません）が、仮にそうであったとしても結果的には語学スキルをはじめ多くの国内の高校生が知らないことを学んで文化的にも多様性を身につけて帰ってきているのですから、むしろ単身で未知の世界に飛び込んでいく度胸と行動力を高く評価すべきだと考えます。

とはいえ、そのあたりのことは大学に決める権利がありますので、どうしようもありません。でも受験者にはそういった考え方の大学を選ばない権利があるのです。

帰国子女枠入試に関する調査

以下はほんの一部ではありますが、旧帝大、早慶、MARCH、関関同立に加えて、その他の主要な大学のリストとリサーチ内容です。ここで強調しておきたいのは、帰国子女特別入試を行っている大学をピックアップしたのではなく、主要大学をピックアップした結果なのですが、ご覧の通り、立命館を除く全ての大学が（学部は限られる場合があるものの）いわゆる「帰国子女枠」を設けています。立命館にしても実質

●日本国内主要大学に聞く帰国子女（帰国生）特別入試対象者

	帰国子女入試	外国学校最低滞在期間	単身留学者可否
東京	○	3学年	○
京都	○	2学年	○
大阪	○	2学年	○
東北	○	2学年	○
九州	○	2学年	×（1年以上保護者との生活が必要）
名古屋	○	2学年	○
北海道	○	2学年	○
早稲田	○	2学年	○
慶応	○	2学年	○
明治	○	2学年	○
青山学院	○	3学年	○
立教	○	3学年	○
中央	○	2学年	○
法政	○	2学年	○
東京工業	○	3学年	×
東京藝術	○	2学年	○
お茶の水女子	○	2学年	×
東京外国語	○	2学年	○（学校推薦の場合）
学習院	○	2学年	×
ICU	○	2学年	○
上智	○	2学年	○
東京理科	○	2学年	×
聖心女子	○	2学年	○
秋田教養	○	1年間	○
関西学院	○	2学年	○
関西	○	2学年	○
同志社	○	3学年	○
立命館	×	─	

的には AO 入試において英語でアピールができるとの担当者のお話でした。日本がグローバル化の流れに対応する必要があることや日本の大学が国際化を進めて（政府の目論見通りに）、世界での地位を上げていく必要があることを考えると、今後この帰国子女枠が増えることはあっても縮小されることはないでしょう。

これでも高校留学は高い？

　文部科学省の平成24年度「子供の学習費調査」[※2]によれば私立高校の学習費総額は年間約100万円です。対して留学……ボストン近郊のボーディングスクールに代表されるように寮費込みで年間500万円あるいはそれ以上に費用が必要な学校は多くあります。ただしその一方でカナダの公立高校あるいはアメリカの一部の高校で、実は年間の授業料とホームステイ費用（食費付き）他を入れても200万円前後あるいはそれ以下の学校も数多くあるのです。もちろんちゃんと各地域での正式な卒業資格が得られる教育機関です。それでも日本の私立高校の「学習費総額」の倍もする！……確かにそうです。でも「学習費総額」ですから日本での食費や生活費はそこに含まれていません。育ち盛りの高校生ともなると年間結構な費用になるはずです。またそこにたどり着くまでに小

学校、中学校で私立に入っていればそこでつぎ込んだ教育費も考慮に入れるべきでしょうし高校入試のための塾や家庭教師費用も同様です。

　留学を考える方にとって追い風なのは、国が返済不要なものも含めた奨学金を充実させ、希望者が留学できるよう取り計らうと明言していることで、一部ではもうこれが始まっています。地方自治体も奨学金支給に積極的で、たとえば埼玉県などはすでに給付型（返済不要）の奨学金を、高校留学には最大60万円、大学・大学院留学には最大で100万円をそれぞれ50名と15名に支給しています。一般論ですが、貸与型の奨学金はより現実的に計算に入れられると思います。

　また、これは費用負担を軽くするための提案ですが、留学をするとその家庭では通常は一部屋空くでしょうからその空いた部屋を使って逆に日本に来ている留学生のホストファミリーになるという手もあります。実際にうちも二度ほどホストファミリーになりましたが、家族でグローバル体験をするという貴重な経験ができますし、費用面でも月に7万円程度、プログラムによっては10万円以上の謝礼が得られるものもあります。そうなると年間で結構な額になり、前述の日本の高校に通った場合との費用負担ギャップも埋められることにもなります。

　費用のことを考える時にもうひとつ考慮に入れて欲しいのは、耳や舌など体がまだ成長過程にある状態で英語の社会に入って行くため、そこで三年間も生活をすると音の理解や発音面においてネイティブレベルになれる可能性が高いという

こと。個人差はありますが、これはたった数年後、大学生や社会人になって一年間で300万円を使って語学学校等に通っても追いつけるレベルではありません。まして日本で英会話学校にウン十万円×何年か通っても、あるいは「聴くだけで〇〇」という類いの怪しげな英語教材にいくらつぎ込んでも、そのレベルになることは不可能または通信教育でサッカーを習って日本代表になるくらいに難しいでしょう。高校で複数年留学をすると高い確率でネイティブレベルの英語を手に入れられます。仮に年間250万円、3年間で750万円かかったとして40年間の社会人キャリアがあるわけですから年間19万円弱になります。もし今社会人で英語に頭を悩ませていらっしゃる方々に、年間19万円でネイティブ並みの英語力という「商品」があればかなりの売れ筋商品となるはずです。それを使って外資に行って年俸が30%アップしたら？ ボトルネックになっている昇級試験が楽にクリアしたら？ かなり魅力的ではないでしょうか？わかりやすいように語学面だけを強調しましたがもちろんそれは得られるもののほんの一部にすぎません。こういったことを複合的に考えると高校で留学する場合のコストパフォーマンスは極めて高いと言えるのではないでしょうか？

高校留学生の体験談

俳優になる夢が芽生えた！

胡　高業 （岡山県出身、1998年生まれ）
<small>えびす　たかなり</small>

　私は今、ニューヨークのある高校に通う、留学2年目の高校2年生です。中学時代は英語が得意だったわけでもなく、ごく普通の生徒でしたが、卒業間近のある日、友達の「英語話せたらかっこいいと思わん？」という言葉がきっかけで世界に目を向けるようになり、留学を決意しました。

　1日目、一人で空港に着いた時の緊張感と高揚感は文字で表わすことができないくらいでした。目当ての人に会えず、電話しても会話が成り立たず、近くにいた人に助けてもらいました。この人の親切と、ホストファミリーのやさしいもてなしに感動して、「あ、この国に来て良かった」と安心しました。歓迎パーティで、私が披露した「カンナムスタイル」のダンスは、大受けでした。その後も家族は、スタバで大好きなバニラビーンズを買ってくれたり、プレゼント一杯の本場のクリスマスを味わわせてくれました。

　学校での授業は当初、すごい試練でした。英検の準二級レベルなので、先生の話の半分も理解できませんでした。しかし、毎日友達やホストファミリーの人たちと会話をしていたせいか、2カ月も過ぎたくらいからだんだん理解できるようになってきました。今、2年目になり、英語で軽いジョークも言えるようになって、友達とも関係が深まりました。でも使える単語がまだまだ足りないと自覚しています。一方で、将来への夢が生まれました。こちらに来て、自分を見つめ直し、判断し、いろいろな覚悟もできて、芽生えたのは俳優になることです。も

ちろん「簡単そうだから」や「かっこいいから」と思って決めたものではありません。過去と今の自分を見て「これしかない」と思ったからです。幸い、私の通っている学校にはドラマのクラスがあり、さっそくスケジュールに組み入れてチャレンジしてみようと思っています。大学も専門の大学を探し、相談してみるつもりです。

アメリカの高校での留学は、まだ半分以上残っています。勉強はもちろん、友達、周りの人たちとも楽しく初心を忘れずやっていきたいと思います。1年たっても高揚感は生きたままです。

お父さん　胡　森雄さんのコメント
成長していく姿にびっくり！

留学前は、兄弟げんかはするし、部屋は散らかしているという子どもっぽさで、海外での一人暮らしはどうなることかと心配でした。でも、この夏休みに帰国したらずいぶん変わっていました。家族にやさしくなり、身辺の片付けもするし、成長しているのがはっきりわかりました。「かわいい子には旅をさせよ」ということですね。俳優よりIT分野に進んで欲しかったけど、小さいときから好きだったようだから応援したいと思います（笑）。

国内の高校進学とは一味違う進路がある！

　ここでは一例としてアメリカのAEEAあるいはUTPという団体がオペレーションをしている高校留学を中心にご紹介させていただきます。現役中学生で海外の高校への進学を考えている人、あるいは国内の高校に進学したものの海外の高校へ転学しようかと考えている人のための留学情報というのは、なかなか精査するのが難しいのですが、これらは私が実際に現地で直接見てスタッフや生徒と話す機会が得られた（そしてもちろんその上で紹介するに値すると感じた）ものです。もちろん、これがすべてではありませんし、イギリスにも似たような条件の学校はいくつもあります。

基本的なポリシー

　治安面で安全であること、学生へのケアが行き届いていること、高い教育レベルが保障されることという3つのポリシーが守られる高校留学のプログラムです。

特徴

- 公立を含め、北米だけで100校以上を網羅しており、この中のいくつかの学校にはプログラム専属カウンセラーがいます。カウンセラーは、留学生の親目線で学校生活から

ホームステイ先までチェックし、環境改善や問題解決にもあたり、日本の家庭に向けてレポートを送付します。

- 留学で学ぶのは勉強だけでなく、クラブ活動や地域貢献、友達作りなど「人生」を経験させます。これは米国の大学も選考で重視していることです。

- 全体的に提携校はレベルが高く、米国内共通テストSAT／ACTで国内平均を大きく上回り、高校在学時に大学の単位を取得できるAdvanced Placementクラスを提供できます。そして卒業生のほとんどが進学します（各地元の州立大学、スタンフォード、コロンビア、カリフォルニア大学（バークレー他）、ワシントン、ボストンなどの名門校に多数進学実績あり）。

参加条件

- 中学・高校での評定平均で50％以上（5段階評価で2.5以上）。ただし英語力は留学後に補うコースや教育機関があるのでさほど問題にしません。

- 必要なのは学習意欲とアメリカでのカルチャー・ギャップや困難な状況も含め、さまざまな出来事に取り組む前向きな姿勢であり、この部分で適正に欠けている場合は、いくら英語が得意で成績が良かったとしても現地での生活は困難を極めるでしょうし、逆を言えば多少英語を含めた学業

成績が日本で悪かったとしても、柔軟性とモチベーションの部分でカバーすることができます。

費用

- 留学する高校によってまちまちですが、授業料、滞在費（ホームステイまたは寮）、食費などを含めて年間費用は約200万円〜350万円の範囲です（為替レートによる変動あり）。これは、場合によっては国内公立高校より安いはず。また米国の寄宿型学校（ボーディングスクール）の平均4万5000ドル（中には〜7万ドルも）から見ても安い設定です（『STM』誌の2014年調査）。その理由は、卒業生や地元のクリスチャンからの寄付に支えられていること、またほとんどの学校が中規模の郊外都市なので人件費、滞在費が低く抑えられているからです。

渡航と就学の時期

- アメリカの高校は日本の中学3年生から高校3年生までの4年制です。これに合わせると日本の中学2年生終了時から行けることになります。また、中学卒業、高校1年生、2年生の終わりからでも問題ありません。ただし帰国子女枠で日本の大学に進学する可能性を残すのであれば、日本でいう高校2年生から現地の高校に入る必要があります。

- 多くの高校進学プログラムは、日本で終えた学年から再度

始めるようになっていますが、このプログラムでは次の学年からスタートできます（中学卒業＝9年生なら10年生から）。ただし、成績によってはこの限りではありません。

　現地の学校を数多く視察してみて、特に高校留学に関して強く思うのは、あまり欲張ってレベルが高すぎる学校を選ばない方がいいということです。当然多くの名門大学に学生が進学する学校に入ることができるというと心が揺らぎますし、それ自体は素晴らしいことなのです。が、もしそこで授業についていけない場合、学校でのケアやサポートが全くないと本当にどうしようもなくなります。これは日本の高校に進学する場合も想定できるのでしょうけれど、特に語学力もままならない場合、自分での対処が難しい高校生レベルではそれに輪をかけてリカバリーが難しくなります。これは我々外部のスタッフがいくらコンタクトをしても簡単に解決できることではないので、信頼できる学校選びが大前提となります。信頼できるとは、本書内でご紹介する多くの学校のように、学校側がその留学生特有の問題を共有できることに加え、学校内に専任の留学生担当スタッフを常駐させて常に監視するとともに、問題があると疑われる場合にはすぐにその芽を摘んで問題が大きくなる前に解決へと誘導するという体制が確立されていることです。

　過去実際にあった例でいうと、日本のある有名私立中学卒業後にアメリカの高校に渡航した生徒がいました。中学時代には成績上位にいたもののやはり渡米直後は言葉の壁もあ

り、語学サポートを受けたにも関わらず、いくつかの科目を落としてしまいました。そのケースでは、それがあったときに学校に駐在するスタッフにより問題の把握が素早く行われ本人と話し合った上で対処をし、次の年度が始まる前までにその科目への対処ができましたが、おそらくそのままであれば進級が危ぶまれる場面でありました。そして生徒本人にもそこまでの危機感はなかったように見受けられました。

　この辺りは実際に渡航してみないとなかなか実感がわかない部分ではありますが、極めて重要な部分です。高校生以下の場合は特に、ある程度自分に任せて自立を促すのも重要な一方で状況を見ながら問題があった場合には素早く必要最低限のサポートで支えるというのも必要で、このあたりのバランスが一番難しいのですが、最も重要になってくる部分でありますので学校とエージェント選びにはお気を付けください。

日本人のアイデンティティ

　早い時期に海外で生活すればするほど、語学力的にはネイティブレベルになる可能性は高まります。一方で懸念材料と言われるのは、あまりそれが早すぎると日本人としてのアイデンティティが確立しないままになってしまって、国としてのバックボーンがなくなってしまうということです。

これはもう10年くらい前だったと思いますが、そういった理由でアメリカ大使館の方が若年層へのビザ発給を制限していると発言されているのをビザの説明会か何かで聞いたことがあります。これだけグローバル化されているのだから、必ずしも日本人のアイデンティティにこだわる必要はないという方もいるでしょう。それは一つの考えとして間違いではないのでしょうけれども、日本語は普通に話せるけれど日本人としてのコミュニケーションに違和感を覚えるような人、もうすこし正直に言うと、仕事をする上で（たとえば日本人が求める「おもてなし」を重要視する場などでは特に）コミュニケーションに支障が出るだろうという人に、海外で多く出会うことがあります。そんなとき、アイデンティティにこだわる必要はないとは、簡単には言えない気がします。これは白か黒かという話ではなく、日本と世界それぞれのビジネスカルチャーや言葉上のバランスが肝で、どちらかに偏り過ぎると今後グローバルな仕事を高いレベルで遂行していくのは難しいのではないかということです。したがって、留学を若年層で考える場合は、絶対的な正解はないので、個々の性格やサポート体制などを渡航地と共に考慮しながら、慎重に判断する必要があります。

留学するのは、いつがいいのか

　絶対的な正解はないといった中で、これを言うのは難しいのですが、たとえばアメリカやカナダの場合、いわゆる高校は日本の中三からの4年間なので、そのまま当てはめると日本の中二を終えてからということになります。ただ、それぞれの高校に2年目や3年目に入って融合していくこともできますから、日本の中学を卒業してから、または高二にあたる学年からというのもあります。イギリスの場合は、高校での学習にあたるAレベルというものを2年間で履修しますので、日本の高二または高三にあたる学年から始めてそのまま三年制の大学へ直接入るというパターンもありますが、その前にGCSEという段階を踏んで基礎学力を現地で固めることもできます。そうはいっても実際に多いのは、日本の高校を卒業してからの渡航です。国際バカロレア（IB）のディプロマの場合は、Aレベルと同じく2年間を要するのですが、よりタフな内容ということもあり、こちらもその前に2年間の準備コースを取ることが必要になるケースがあります。カナダのDwight CollegeはこのIBとカナダの高校卒業資格に加えアメリカの高校卒業資格まで取得させる面白い例です。

　学校によっては言語的なハンデを考慮に入れて通常より一学年下（つまり日本の高校一年生を3月に終えてアメリカで9

月から10年生）から始めることを条件に入学を許可するところもありますし、St. Anthony's、St. John's のようにそのまま上の学年（先ほどの例でいうと11年生）で進学させて、語学サポートを追加するところもあります。

　実際には、個々の日本での成績や性格をケースバイケースでみて、学年がずれたとしてもアイデンティティの部分を含めた成熟度、語学力を含めたアカデミック面、学校のサポート体制の総合評価でバランスをとっていく必要があります。一つはっきりしているのは、海外での高校卒業後にもし帰国子女枠で日本の大学を受験しようと思うのであれば、最低2年間は海外の高校で学習する必要があるので（一般的に日本人学校は不可）、それを計算に入れる必要があるということです。

卒業後の進路

　高校留学をしたあとの進路としては、日本の大学などに進学するか、海外の大学などに進学するかという選択肢が得られます。日本の大学の場合は、帰国子女として入学するというオプションが使えますし、すでに十分な語学力があるはずですから通常は半年から1年近く必要な語学学校をスキップして、そのままアメリカなどの大学に進学することができます。

海外に進学先を求められるということは、大学や専攻のオプションが英語圏はもちろん非英語圏で英語で授業を提供している教育機関も含めると格段に増えることを意味します。もちろん、日本の大学も選択でき、その場合は帰国子女枠に入ることで典型的な日本のお受験を経験する必要がないことを大きなメリットと考える方も多いのではないでしょうか。

現地校卒業は必須ではない

　高校留学では必ずしも、現地高校の卒業を目的として複数年の留学（進学）をしなければならない訳ではありません。1年間だけとか、さらに短く半年間だけというパターンもあります。これであれば心理的な敷居は少し下がるでしょう。リスクヘッジのために現行の日本の高校を休学し、様子を伺うために実際に1年間または半年間通って、それから次年度どうするかを決めるという方もいます。ただしいずれの場合もそういった可能性、プランを日本の学校と現地の学校と両方にしっかり説明し、合意を得る必要があります。そうしないと1年間経って帰ったら籍がなかったとか、現地で取った単位が認められず不本意にも留年することになったといった、さまざまなトラブルに発展する可能性があります。

　またこの単年留学には、アメリカの交換留学と呼ばれる

ものも含まれます。これは現地の学生との「交換」を前提とし、授業料や滞在費をセーブしようとするものです。費用的なメリットはあるものの、渡航エリアや学校、その教育レベルとホームステイはもう完全に運に任せてしまうという面で大きなディスアドバンテージを抱えます。このあたりは各家庭の考え方によって好みが分かれるところですが、個人的には教育という今後の人生を左右するものに対して、この「クジ引き」のようなことをするというリスクを取りたいとは思いません。

国際バカロレア（IB）資格

　各国の卒業資格を統一するような位置づけのものに国際バカロレア（IBとも呼びます）があります。これはスイスに本部を置き「国際的に通用する大学入学資格を付与する仕組み」（文部科学省）であり、幅広く学びバランスの取れた人材を目指すものです。日本では1979年に初めて認定校が誕生し、現在のところインターナショナルスクールを中心として実施しているのは全国でまだ27校のみです。このうちの70%以上はここ10年以内の認定で、高校卒業資格に相当するDP（ディプロマ）は世界で2,586校が提供しているのに対して日本でまだ19校（世界シェア0.7%）しかありま

せん。ちなみに1位はアメリカの834校(同32.2%)、次いでカナダが156校(6%)、イギリスが143校(5.5%)となります。ちなみにアジアではインドが99校、中国が67校でそれぞれDPを提供しておりいずれも日本を大きく引き離しています。

　入学要件として世界のトップレベルの大学がこのIBを認定しており日本でも東京大学、筑波大学、慶応大学など国内トップクラスの大学を中心に60校以上の国立大学を含む400校程度が入試に採用しています。内容としては語学、文学、数学、社会学、科学などに分類分けされる多くの選択科目から6科目を履修します。実際の科目はその教育機関ごとで差はありますが、たとえばイギリスで最も長く国際バカロレアを提供しているSt. Clare'sでは日本の高校の科目で取る数学や歴史、地理、生物、化学、物理、音楽、美術などもある一方で演劇や心理学、天文学、環境システム、ビジネスマネジメント、それに日本語を含む数多くの言語も選択できて非常に自由度も高く興味の持てる分野で幅広くそして深く学ぶことができます。その6科目に加えて個々で行うリサーチプロジェクト、判断力の養成、またスポーツ・文化活動、ボランティア活動といったところまでカバーします。

　国際バカロレアの道は楽をしたいという学生には不向きですが、自分が本当に興味のある学問を追求し社会で通用する実践的な力を養っていきたいという学生にはよりフィットしやすいでしょう。

　当然注目度は高く、日本国内でもこれを提供できる教育機

関をこのたった数年間で何倍にも増やそうという動きはありますが、常識的にものごとを考えると付け焼き刃になってしまう可能性が高いでしょうし、特にクオリティ面では大きなクエスチョンマークがつくでしょう。また日本語でIBが取れたとしても、大きなメリットである海外大学進学へのアドバンテージが死んでしまいます。

そして、これは「国内留学」系の話でもよくあるのですが、費用的に見ても海外に行く方が安い場合もあるのです。滞在費用含め年間200万円そこそこでいけるカナダの質の高い公立高校が受け入れをするのであれば、そこのIBの方がよくありませんか？

または前述のSt. Clare's等より多くの実績を持つ教育機関への留学の方が安心だと思います。ただしこの中には（もちろん私立の教育機関でも多かれ少なかれ同じですが）留学生へのケアが十分でないところもありますのでその辺りをご自身で確認するか、それができなければエージェント等を通し安心できるところを選ぶことが重要です。

PART 3.

語学留学の真実

語学習得とは
別の価値を見つけたら本物

　留学するとなると当然語学力が必要になります。渡航時点で語学力があるに越したことはありませんが、日本で普通に生活しているのであれば語学力がある人の方がまれです。まずは語学力を付けてから渡航しようという方にもお会いすることがあり、それはそれで立派な考え方なのですが、実際のところたいていの方は1年くらい経ってもあまり語学力は変わらずに時間だけ経ったという状態で戻って来られます。それであればもう先に渡航してしまって語学力を現地でできるだけ短い期間で習得する方が時間のロスがありません。もちろん語学学校などに通う費用は必要になるのですが、早く行けばそれだけ帰国も早まって自分に付加価値がついた状態が長くなるので、最終的には時間をお金で買うという選択が賢い場合もあります。

　留学となると語学力ばかりに目がいきますが、実際語学力はその最初のステップに過ぎません。確かに語学力を付けないとその先のものが学べない反面、留学で得られるものは語学力だけではないのです。むしろ語学力はそのほんの一部に過ぎません。十分な語学力がついたとすると、たとえば本場のアメリカでソーシャルメディアやデータマイニングを利用

した最先端のマーケティング手法を世界的に有名な教授から学ぶ。それだけでなく、アメリカ人や他の国から来たクラスメイトとディスカッションをしながら、それぞれの国のビジネス上の慣習や考え方を互いに学ぶ。当然日本のそれを紹介することにもなります（たとえば「和」や先輩、年長者をリスペクトする文化をふまえたチーム内での意思決定プロセス、タクシーやエレベーターなどでの「上座・下座」などはその一例で、非常に外国人にとっては興味深いものです）。たとえばこういったことが後のビジネス上で役立ちます。それはクラスメイトやそこからのつながりのネットワークでもあり、それぞれから学んだ各国文化の特徴を生かして現地従業員とチームで仕事をすることだったりします。また日本の文化を外国人目線で見ることもできますから、帰国して仕事をする際にそれをより効率的に行うこともできます。

　このあたりが日本で勉強して英検1級やTOEIC満点を持っている人と極めて大きな違いが出てくるところです。たとえば新聞を読んで内容を理解するスキルはそう大差ないかも知れませんし、場合によっては日本で一所懸命単語を暗記した方のほうがよく理解できるかも知れません。でも多国籍チームをまとめてその状況を見ながら最新のマーケティング理論やケーススタディをもとにディスカッションしたり、ジョークを交えつつ海外の取引先などと交渉するという経験には雲泥の差が出てきます。おそらく日本で「受験」科目としての英語しかしていない方は、とうていこういった状況に対処できません。下手をするとミー

ティングなどで内容は理解できても一言も話せず終わってしまうこともあるでしょう。というより、それがほとんどでしょう。そうなるとネイティブと本気モードで対峙するビジネスの現場で使える人材なのかどうか？ 明らかに違います。こういったことを学ぶのが留学なのであって、語学力なんかは「入場券」に過ぎないのです。先の例以外に現地の組織でインターンを行った場合にも同様の効果は得られます。とにかく机上で単語を覚えたり文章を読むだけでは実際のビジネスでは話にならないのです。

　これからの日本人はそういったことを理解した上で本当に日本にいてTOEICのためだけの勉強をしていればいいのか、そもそも教育現場は英語もきちんと話せない英語教師を使ってこれまで同様に古典的な方法で英語を教えるふりをしていていいのか、企業にしても単純にテストのスコアで採用や昇進を決めてしまっていいのか、しっかり考える必要があると思います。もちろん答えは全てNOでしょう。2020年には東京オリンピックがありますが、このままで本当の「おもてなし」なんかできません。自己満足でできたつもりになってもそれは伝わっていません。そしてオリンピックよりも何よりもこれから本当の意味でのグローバル化がずっと進んだときに、ドラスティックに行動できない多くの日本企業と日本人は淘汰されてしまうでしょう。90年代くらいまでは欧米が作ったものを真似て品質を上げ価格を抑えれば何とかなりました。でもそれはもう既に韓国にお株を奪われていますし、今後中国や東南アジア、アフリカと

いった新興国が安い人件費でクオリティを上げてきたときに日本は同じ土俵で戦えないでしょう。そうなるとまだ日本が世界に誇れるコンテンツや仕組み、ノウハウがあるうちにそれを持って海外に出ていき、そういったワークフォースや資源をうまく利用しながら欧米を中心とした先進国としのぎを削るしかありません。そのときに現場がどこであろうと共通語として話されるのは英語。でも相変わらず日本人は世界最低の英語力。特に話せない……この危機的な現実は言うまでもなく変えなければなりません。

語学留学の典型的な日々

語学留学するとどんなことになるのか、まったく想像がつかないという人のために、典型的な語学留学のシーンをスケッチしてみましょう。

■ホストファミリーにたどりつく

飛行機を降り、入国管理局も通過し、無事にスーツケースを回収して出口に行くと数十人から数百人の人が柵にもたれたり、Mr. Mikio Takano などと出迎える人の名前を書いたボードや最近では iPad を掲げたりして自分の方を見ていま

す。最初の関門はその中から自分の名前または自分が行く学校の名前・ロゴを持ったドライバーを見つけること。自分だけでなく、同乗する他の人も出迎えていることもあります。

　ここで"Taxi?"と声を掛けてくるのはだいたい「白タク」でぼったくり。"No thanks!"と毅然と断らなければいけません。

　無事に迎えの車に乗り込むと、通常30分から1時間くらいでホームステイ先や寮に到着します。ホームステイ先に着いたらファミリーに笑顔で挨拶をして、自己紹介をします。部屋に案内してもらい、家の中のルールを教えてもらいます。分からないことがあったらベタでゆっくりな日本語英語でいいのでそれを伝えること。一番問題なのは分かった振りをして薄ら笑いをすることです。これは後でだいたい「説明したときには分かっていたのに」となって大なり小なり問題を引き起こすことになります。典型的な例は、「いま水不足で大変だからシャワーは10分以内にしてね」と言われて「Yes :)」と得意の薄ら笑いで答えたのに、その直後から日本でしているように30分以上もシャワーをする。また「トイレから出たら誰もいないサインとしてドアを開けておいてね」と言われたのに閉めてしまい、誰もいないトイレの前で家族が待ち続けるといった落とし穴がたくさんあります。

■学校で初めて授業を受ける

　到着した翌日または数日後に学校が始まります。最近ではiPhoneのグーグルマップに入れれば詳細で確実な行き方と

● 留学先の1週間

	Monday	Tuesday	Wednesday	Thursday	Friday
1	Grammer	Vocabulary Building	Grammer	Vocabulary Building	Speaking & Listening
2	Speaking & Listening	Reading	Grammer	Speaking & Listening	Speaking & Listening
3	Speaking & Listening	Practical English	Speaking & Listening	Grammer	Reporting Skill
4	Vocabulary Building	Listening	Listening	Writing	Summary
Lunch					
5	Elective: Business English	Elective: TOEFL	Elective: Business English	Elective: TOEFL	Free
6	Elective: Business English	Elective: TOEFL	Elective: Business English	Elective: TOEFL	Free
Homework	Grammer	Vocabulary	Grammer & Presentation	Writing & Vocabulary	
Activity	Movie/Quiz Night	Salsa or Soccer	Bowling or Game	Karaoke or Shopping	Dance Party

Travel & Culture (US)
Standard 20
Intensive 24
Intensive 28

所要時間が分かりますが英語の練習も兼ねて家族と確認します。「10分早く出られるなら駅（または学校）まで車で送ってあげるよ」という思いもよらないオファーが得られることもありますので、積極的に楽しくコミュニケーションすることはいつも大事なことです。

　通常初日には筆記用具の他にパスポートと留学生保険の証書、学生証用の写真（パスポートサイズ）を持ってくるように言われます。朝8:30に登校して9:00から学校や近隣の説明と注意点、10:00からクラス分けのテスト（筆記＋インタビュー）があって正午からランチ、午後はフリーまたは

いきなり授業というのが典型です。学校で出会う人ごとに"How're you doing? I'm ○○ from ○○ /Japan. Where are you from?" とこのまま言ってもらえれば、友達はすぐに増えます。一気に数が増えて、なじみの無い名前も多いと思います。覚える自信がない場合は "Are you on Facebook?" と言って「友達」になれば、あとで確認できますし、より早く相手のことが分かって話すネタも増え仲良くなれる可能性もあるので、こういうテクニックも使って下さい。

　典型的な授業は、10人から15人で丸くなってお互いの顔を見ながら進みます。その学校や先生によってスタイルもありますが、典型的なケースとしては先生が「教える」ことだけでなく、MC的に話を進めます。よくあるバラエティ番組のMC的な役割で、クラスのみんながひな壇芸人と言えばイメージしやすいでしょうか。とにかく日本と違うのは黙って授業を聞いてノートを取る、では「授業にいる意味が無い」とさえ言われる場合があることです。手を挙げて、あるいは手も挙げないでどんどん質問や発言をするのが良いとされるのです。そして減点方式でなく加点方式なので、10のトンチンカンな答えを言っても1つ素晴らしい答えを出した学生の方が、何も言わないでノートだけとっている学生よりも高い評価を得ます。

■日本人どうしでツルむのは禁物

　パートタイムのコースを取っている場合は午前中だけ、また

は午後だけで授業は終わりです。フルタイムとかインテンシブと呼ばれる授業の場合はランチをはさんで授業があります。日本人に限らず韓国人もイタリア人もブラジル人も休み時間に同じ国籍どうしで固まる集団がありますが、英語を勉強しにきているので、そういった中には極力入らないことです。ただ多くの学校では母国語禁止ルールがあって、母国語を話しているのが見つかった場合、警告を受けたり、停学になったり、厳しい場合は退学になったりします。退学の場合、授業料の返還もありません。バンクーバー・インターナショナル・カレッジもそのルールをもつ学校のひとつで、このような学校は多くあり、ルールを遵守する傾向のある日本人には人気です。[※1]

■ レベル別、選択科目別のコース

　学校によって授業内容にも色々な特徴がありますが、中でもカナダを拠点に各国に学校を持つILSCは極めて多くの選択肢があることがその特徴になっています。よくあるパターンとしては午前中の授業はリーディング、リスニング、ライティング、スピーキングという4つの基本構成を必須科目として5～10段階くらいのレベル別に分けて行い、選択科目としてビジネス英語やTOEFL対策などいくつかの選択肢の中から選ぶのですが、このILSCではこの必須科目から多くの選択肢が提供されており、たとえばバンクーバーならビジネス英語はもちろん医療英語やジャーナリズムも含め27もの選択肢があり、そのあとの「選択科目」の選択科目は50

もの中から選ぶことができます。より多くのニーズに適応することができるとあって、ここの学生数は語学学校の中でも最大クラスで2000人を超えるマンモス校です。ちなみに平均的な語学学校は300人程度です。

■日本語を忘れて暮らす体験が貴重

ホームステイや寮に帰ったら宿題や予習・復習をしたり、ホストファミリーや他の学生などと話すことになり、寝るまで「レッスン」は続きます。"英語漬け"の日々を過ごすことで、基本的には日本語が良い意味で忘れられます。感覚から"英語アタマ"に近づきます。そうすると冷蔵庫が「冷蔵庫だ → refrigeratorだ」ではなく最初からrefrigeratorという存在になって、英語が英語のまま理解できるようになってきます。これくらいでないと実際の会話やミーティングにはまともに入っていけません。文法中心でいくら勉強してもTOEICでいい点数を取っても実践では使えない、話せない人との違いが出るのはこの違いです。

■アクティビティと呼ぶ課外活動が楽しい

連日、厳しいレッスン続きかとうんざりしないでください。週に2、3日またはそれ以上の割合でアクティビティという課外活動がだいたいの学校で用意されています。ニューヨークなら月曜日はブロードウェイのミュージカル、火曜日

にはメジャーリーグのヤンキースやメッツの試合を観に行って、水曜日は自由の女神に上って、木曜日はセントラルパークを散策、金曜日には近代美術館 といった具合です。週末には泊りで企画がある場合も多く、ナイアガラの滝ツアーなどが代表的です。入場券など実費で費用が掛かるものもあるので参加は自由ですし、慣れてくれば仲のいい友達どうしで出かける方が自由度は高いですが、初めのうちはこの企画に乗っておくことでその土地を早く知ることができたり、他のクラスの学生とも仲良くなって、語学もより早く上達することになりますので、積極的に参加するのが良いと思います。

語学学校は大別して2種類

　語学学校には大きく分けて、大学など高等教育機関が主にそこに進学する学生で語学力が足りない人のために用意するもの（付属系）と、進学を考える人も含めより多くの目的のために教育を行うもの（独立系）があります。

　前者は公立、後者は私立ということが多いのですが、必ずしもそうでもありません。私立大学がプログラムをもっていることも多々あります。前者（付属系）の大学系語学学校は多くの場合、より学術的（アカデミック）な英語を中心としていることが多く、たとえば単純に「英語を話せるようにな

りたい」という人には、最適でないことがあります。そういった人の場合は、後者の独立系語学学校の方が適しています。こちらは、どの月曜日にでも始めることができて、2週間だけでも、5週間でも10週間でも27週間でも週単位で自分の都合に合わせられて、ビジネス英語でも医療英語でもジャーナリズム関連英語でも好きに選べて毎月変更できるからです。

　注意してほしいのは、大学系の方が公立が多いから私立の独立系語学学校よりも授業料が安いだろうという勘違いです。多くの場合それは逆で、州立大学が運営する語学学校の方が私立の独立系語学学校よりも、同じ授業数、授業期間で30％〜50％も授業料が高いということも普通です。

　大学系の語学学校のメリットはキャンパスの雰囲気が体験できたり食堂やライブラリーが使えたり、また修了証にその学校の名前が入ったりすることです。一方で独立系のメリットはコースが多岐に渡り、期間、時期といった選択肢が数多くあることに加え、街中の交通の便のいいロケーションであり、学生サービスやホームステイの体制など全般的なサービスがきめ細かく行き届いていることです。とはいえ、これはあくまで一般論。双方ともかなりバラツキがあるので、経験のあるカウンセラー、留学エージェントに相談して決めてください。

語学学校のプログラムと特色

　多くの学生が取るのは General English と呼ばれる一般英語。要は読む、書く、聞く、話すをまんべんなく学ぶものです。イメージ的には高校のときの時間割で午前中にその4つの要素を勉強して午後は TOEFL 対策とかビジネス英語とかスラングといった自分の興味や必要に応じて選択科目をいくつか取るというものです。

　こういった構成をベースとして各学校は特色を出しています。以下に列挙してみましょう。

- 世界各国に学校を持つエンバシーは、電子黒板を中心としたテクノロジーをふんだんに使うことで授業の効率化＝習得スピードと学生の集中力を最大限に上げることを意識しています。
- カナダのバンクーバー・インターナショナル・カレッジは日本人の苦手なスピーキングだけで全クラスを構成することもできるようにしています。
- 前出の ILSC は迷ってしまうほど多くの選択科目を提供し個々人のニーズに合わせやすく長期で通っても飽きがこない工夫をしています。
- 英国のフランシスキングは最初に親子留学を始めたと自

負しています。
- 米国の FLS インターナショナル校は中高生向けサマープログラムでサーフィンや演劇、ヒップホップ、料理を午後の選択科目に取り入れて面白みを増しています。
- アイルランドのマルバンハウス・ダブリン校は有給でのインターンで収入が得られるプログラムを持っています。

列挙したのは独立系の語学学校ですが、これらの学校でもコミュニティカレッジをはじめとするさまざまな州立や私立の大学と協定を結び、それぞれの学校で一定のクラスを修了することで TOEFL や IELTS などのテストスコア免除で大学への入学が許可されます。

もちろん付属系の語学学校も、それぞれの直属の教育機関への入学に際してあるレベルを達成すれば公式テストスコアなしで入学が許可されますし、他の大学とそういった協定を結び公式テストスコア免除で入学できるようにしている語学学校もあります。

その大学付属の語学学校では日本なら日本の大学に所属していながら、3カ月単位で学部授業を取り、実際に正式な単位を得て日本の大学に持ち帰れるプログラムを提供しています。これはもちろん日本の所属大学が認定すれば卒業単位としてカウントできるもので履歴書にもスパイスが効かせられます。またワシントン大学の付属語学学校では、短期英語教師向けコースも受けられますので、今後英語で英語を教える必要が出てくる先生たち、またはその卵の大学生に非常に有

益なものになるはずです。将来翻訳をしたいと思っている方にはコストも最小限にとどめられるオレゴン州立のリンベントンコミュニティカレッジが魅力でしょう。またサーティフィケートやディプロマの項目で詳しく書きますが、語学学校の多くはその先に何か資格やスキルを取得するプログラムを持っていたり提携したりして学生のモチベーションを高めようとしています。

COLUMN

客室乗務員 留学体験記

奥田祥子　（龍谷大学卒業　日系航空会社勤務）

　私は大学を卒業後、地元京都でオフィスワークをしていました。しかし、洋画や洋楽など英語が好きだったこと、世界を舞台に仕事ができる客室乗務員という仕事に興味があったことから、自然と海外で生活してみたい思いが強まっていきました。仕事を辞めてまで一年留学をするということは簡単に決断できることではありませんでしたが、高野さんに背中を押していただき、2013年にアメリカサンフランシスコへ8カ月間留学をしました。渡航した直後は、全く英語を話せず、また慣れないルームシェアなどカルチャーショックもあり、不安でいっぱいでした。しかし語学学校初日には韓国人の友達ができ、少しずつでも英語でコミュニケーションをとるよう

になると、すぐに友達が増え、あっという間に1カ月が経ち、英語で会話をすることが楽しくなっていました。

　留学して1カ月した頃、今までなかった食物アレルギーが出てしまい、アフリカ人のルームメイトに付き添ってもらって病院に行きましたが、まだ英語で満足に伝えることができなかったため、大変苦労しました。幸い日本で保険に入っていたため、急なアレルギーでもカバーすることができました。2〜3カ月経つ頃には、ある程度自分の考えを伝えられるようになり、授業にも付いていけるようになり、留学が楽しくなっていました。サンフランシスコで出会った世界中の友達とは現在も連絡を取っており、留学で得た私の大きな財産です。

　また、ヨーロッパの英語も肌で感じたいと思うようになり、そのままイギリスロンドンへ約2カ月留学を延長することに決めました。仕事で英語を使うなら、さまざまな国の方とお話して、異文化や宗教など、実際に生活をすることで経験しておきたいと考えたからです。

　また、最初のうちは語学学校の決めた寮でルームシェアをしていましたが、私は積極的に自分の足で次の部屋を探しました。苦労もしましたが、なんでもチャレンジすることは私を成長させてくれたと思います。

　帰国後、航空会社へ就職が決まり、現在は目標としていた客室乗務員として好きな仕事を楽しんでいます。語学面以外にも、積極的に海外で異文化を経験してきたことがこのような結果に繋がったのではないかと感じています。実際に、採用された仲間の大部分が海外経験をもっています。もう一度留学する機会があれば、インターンシップやワーキングホリデーなどを利用して、海外で接客の経験を積んでいきたいと考えています。

語学学校の選び方と落とし穴

さて、ひとくちに語学学校といっても、いろいろありそうだということはわかっていただけたでしょうか？ 学校選びに役立つように、選択の目安をあげておきましょう。

目的

何がしたいかを整理すること。語学力がついたら仕事をするのか、大学に行きたいのか、大学院なのか、それぞれどんな分野なのか。それとも一度いまの自分をリセットして白紙の状態にして、いわゆる自分探しをしたいのか etc. だいたいで構いませんし不確定でも構いませんし、複数候補があっても OK。全く見当がつかないほど迷っているならそれを認識するのも大事です。たとえば最先端のビジネスを学ぶのにニュージーランド？ 間違いではないかもしれませんが、より効果的な選択肢があるでしょう。まずは世界を見渡した上で、行き先と学校（プログラム）の候補が出てくるのです。そこでニューヨークとロンドンにいいプログラム（たとえばビジネス英語＋インターン）が見つかれば、次にそれ以外の要素を比較検討して絞り込むようにしてください。

国籍の割合

　こればかりにとらわれるのもどうかと思いますが、それでも重要な要素であることは確かです。今まで聞いたこともないような国から来たクラスメイトにその国について教えてもらったり、世界の縮図みたいな環境でディスカッションをすることで将来仕事をするときに参考になる考え方の地域性が読み取れたり、アクセントの傾向をつかめたりなど、単純に楽しいものです。

　こういったことを通して語学を学ぶと、それは決して「勉強」ではなくなるので、知らず知らずに伸びますし、長く話し続けても精神的に疲れません。これが日本で一生懸命学問として学ぶのと根本的に違うところなのです。だから、その他が同じ条件であれば、なるべく日本人が少なく、特定の国に偏らずに多くの国の学生が散らばっている学校が理想的です。

　それと、これはなかなか気づかないことなのですが、初心者のときはある程度アジアの学生が多く、自分のレベルが上がるにつれて南米やヨーロッパの学生が多い環境がいいかもしれません。というのも、全体的な傾向としてアジアの学生が話す英語の方がスピードが遅く分かりやすく、ヨーロッパの学生は（より言語が英語に近いため）早く多く話す傾向にあり、初心者がその集団に入ってしまうと会話に全く入れない場合があるからです。

ロケーション

　国や都市名だけでなく、その都市の中で街中にあるのか郊

外にあるのかも確認しておく必要があります。初めて海外から東京に来る観光客は新東京国際空港と呼ばれる成田空港が千葉にあるとは思っていないでしょう。事実ニューヨークにあると謳っていても高層ビルが建ち並ぶマンハッタンとはかけ離れたイメージのところにある学校もたくさんあります。

設備

　人によっては関係ない場合もあるでしょうが、窓もなくカビ臭くて薄暗い部屋で壁紙もはがれているような環境でモチベーションが上がる人はあまりいないはずです。とくに海外の慣れない環境でそれでなくともストレスを感じやすくなりますから、ある程度は気にした方がいいと思います。また気分的なものだけでなく、電子黒板など最新のテクノロジーを使って授業を行なうことで大多数の学生は効率が上がったと証言しています。

授業数

　学校によっては50分、45分、40分と授業時間も違います。たった10分でも40分からみると50分は2割以上長いことになり「塵も積もれば」以上のインパクトがありそうです。また授業といってもコンピュータを使った自習のような授業をカウントするトリッキーな学校もあります（傾向としてオーストラリアにセルフスタディという名前でよくありました）からこのあたりも要チェックです。

エージェントからの評価

　もちろん誰かにとって良かったからといって、必ずしも自分にとっても満足度が高いという保証はないのですが、エージェントは色々な学生を通して色々な学校を比較して見られるので、その評価は少なからず参考になるはずです。日本で生活していると、あまりそういう経験はしませんが、メールを送っても普通に無視されたり意味不明な回答が来て埒が明かない、電話しても留守番電話またはたらい回しにされるということも珍しくありません（これは特にトラブルのときに起こります）ので、これは侮れません。「エージェントに聞いたらコミッションの高いとこばかり紹介する」というのは信ぴょう性に欠けます。エージェントから見るとそういうことよりもクレームで時間を取られないことの方が10倍大事なことなのです。Time is money!

信頼度

　最後に、業界団体に入っているかどうか。入っていない学校は駄目かと言われればそんなことはないのですが、変な話、その学校が万が一つぶれてしまった時に、しかるべき団体に加盟していると救済措置があったりします。2010年に日系の「ジオス」がオーストラリアで派手に倒産したときには、地元の語学学校が救済措置を講じてジオスへ支払った分の授業料を無料にしていました。それでもやはりホームステイ費用は返ってこず大変ではあったのですが、授業を受けることができたので当時の学生さんたちはかなり救われたはずです。

一番気になる
語学留学の費用

　費用的なものは皆さんが最も興味を持つ項目だと思います。靴でもカバンでも車でもそうですが、学校もピンからキリまであります。授業の質うんぬんという数値化できない部分はもちろんのこと、同じ一般英語コースの中でも学校によって1レッスンの長さも違えば週あたりのレッスン数も違って、さらに細かく言うと教材費や空港出迎え費用も含まれている学校とそうでないところがあって、1クラスあたりの人数も8人のところもあれば20人近い学校も……。ということで、どこを基準にするかというのが非常に難しいので、ここでは2013／2014年の『STM』調査結果[※2]をベースに比較します（カナダは『STM』公表値が無かったため ILSC 校の費用で代用）。

	授業料	ホームステイ	合計
UK	¥166,500	¥128,880	¥295,380
AU	¥134,232	¥103,224	¥237,456
US	¥121,726	¥111,880	¥233,614
CA	¥152,000	¥81,200	¥233,200
IR	¥114,351	¥105,468	¥219,819
NZ	¥127,052	¥85,744	¥212,796

※2014年9月1日の三菱東京UFJ銀行の為替レート基準

　ただし、必ずしもこの費用ならいいとか、これより高いのはぼったくりだという極端な考えはしないでください。あく

までこれはワゴンセールと GAP とルイヴィトン etc. のバッグ、それもサイズもまちまちのものの平均です。また期間が長くなるほどに1カ月あたりの費用は低くなっていきます。たとえば上記カナダの場合1年間（48週間）の授業料部分は132万円、1カ月あたりは11万円ですので約30%下がっていることになります。

　また学校、時期によってはそこからさらに10%オフのキャンペーンがあったり10週間通えば2週間無料でついてくるといったスペシャルオファーがあります。

　それと、これは言うまでもないのですが、おそらく一番インパクトがあるのは為替レートで、一週間で2〜3円動くこともザラです。すでにこの原稿を書いている間にも円安が進んで、逆に何かのきっかけで急にまた円高になることもなきにしもあらずです。

　ちなみに、安かろう悪かろうといちがいには言えないものの、基本的に学校の授業料は、簡単にいうと先生やスタッフの給料、家賃、設備投資費用などを学生数で割るので、授業料が他と比較して極端に安いということは、普通に考えて、先生の給料が安い、不便または治安の良くない場所にある、設備が古い、あるいはその全部という可能性が高くなります。もっとひどい例だと、ビザのための書類は出して在籍はさせるけれど学校には来なくていい（むしろ来ないで）という所も過去にあり、それが見つかって学生も居場所をなくすことになっています。それだけでなく、国外退去処分になる

こともあり記録にも残りますから、将来仕事でその国に入国する際にトラブルになる可能性も高くなり、最終的に高くつくことになり得ますので、そのリスクを考えておく必要があります。

　実際に行ってしまえばどの国も「住めば都」、英語はどこでも話せるようになるし、話せない人はどこに行っても同じです。またトップクラスの教育機関の水準は日本並みかそれ以上に高いのです。が、それを言ってしまったらこの本の意味がなくなってしまいますので、あえてその中で特徴をあげてみなさんが渡航する際に迷った時のちょっとしたヒントになればと考えています。

語学留学の算数

　英会話教室に行くのも良いのですが、某有名英会話スクールのビジネス会話コースは週1回、2レッスン（1レッスンは40分）。この場合マンツーマンだそうですが1週間に計1時間20分しか話せる環境にいないことになります。一方海外で滞在する場合は起きている時間のほとんどが「レッスン」です。テレビやラジオをつけても英語が流れてきて通勤途中の広告も英語、駅のアナウンスも英語です。授業中はもちろんのこと仕事中も休憩時間もデートも買い物も英語。睡

眠や一人で過ごす時間で10時間を引いても1日14時間×7日間で週98時間、イヤというほど「集中英語レッスン」です。どんなに質の高い講師や授業を誇る英会話学校でも、週1時間ちょっとやったくらいで週100時間弱のレッスンにはかないません。しかも授業を終えたら一瞬で日本社会に逆戻りです。宿題や自習云々はあるのでしょうが、一週間後の授業でどれだけ「話せる」ようになっているのでしょうか？　それで10カ月経って70万円分の成果があれば素晴らしいことだと思いますが、そのお金で2カ月間ニューヨークでしっかりした学校に通って暮らせるとしたら？　物理的に時間が取れないという方もいると思いますし、これが全ての方に当てはまるベストな選択だとは思いませんが、こういう計算も含めてお金の使い道をよく考えた方が良いかも知れません。

　とにかくこういったことから、ある程度のモチベーションで頑張ったとしても、日本にいて日本の教育機関でこれまで通り勉強してもそう簡単には英語が話せるようにはならないと結論付けても間違いではなさそうです。ある著名な国際ジャーナリストさんが以前「言葉を学びに行く留学に意味があるとは思えない。言葉を理解した上で海外に行き、留学先の国でしか触れられない哲学や歴史、政治や経済を学ぶからこそ、日本を飛び出す意味がある」と雑誌の記事に書かれていました。ごもっともではあるのですが、前述のように仕事の合間に英会話にちょこっと行っても英語ができるようになるまでに定年が来そうですし、外語大に行ったとしてもまともに学べる環境が整っていないのがこの日本の現状なので

す。ですので一部の天才肌の方以外にそれは当てはまらないのではないでしょうか。

国別の留学受け入れ事情

■穴場のアイルランド

　アイルランド共和国がどこにあるか世界地図で指させますか？　間違える人が多いと思います。アイルランド島には、イギリス領の北には北アイルランドがあるので英国領と間違いやすいのです。そんなわけで日本人には地味な存在なのですが、私は語学留学をするのに最も条件のそろった国の一つだと思います。理由として、まず日本人が他の英語圏と比較して極端に少ないことです。留学業界誌『STM』の2013年の調査ではアイルランドの日本人率は1.5%。ニュージーランドの16.2%、カナダの14.5%と比較すると約10倍の差があります。また学生の立場でもアルバイトが週20時間まで許可されています。最低時給が約1200円ですから月に約10万円の収入が見込めます。年間で120万円となるとアルバイトが原則禁止されているアメリカやイギリスと比較して、費用的に大きなメリットがあります。アイリッシュアクセントは多くの人が好みますし、実際ブラッド・ピットが映画『ス

ナッチ』や『デビル』の中で話していたときにも非常にクールでした。人口は450万人程度と少ないのですが、アップル、グーグル、マイクロソフト、フェイスブック、ヤフー、ツイッターなど多くのメジャーなIT関連企業の欧州本社はアイルランドにあります。

　また人々は非常に素朴でフレンドリーですからこの環境が合う人は本当に語学力が伸びると思います。ただしイギリス同様に雨は多め、気温は涼しく夏でも朝晩は羽織るものが必要なくらいなので、カリフォルニアやハワイの太陽が大好きな人にはベストな選択ではないかも知れません。

■語学留学人気ナンバーワンのカナダ

　大学などへの進学者数ではアメリカに及ばないながら、語学留学生間ではカナダが人気ナンバーワンといわれています。理由はアクセントがなく英語がきれいというイメージ。本来きれいとか汚いとかいうことは無いのですが、本家本元のイギリスの英語よりも日本人にはアメリカ英語が自然に聞こえるからでしょう。別の理由は、アメリカのように銃社会ではなく安全というイメージ。とくにバンクーバーは世界の住みやすい街ランキングで常に上位に入ることから、多くの日本人が選びます。また実質定員が無いに等しいワーキングホリデーがあって比較的低い予算で渡航できるのも大きな要因です。バンクーバーは恐らく世界で最も語学学校の競争が激しい街で、それゆえに学校も淘汰され、サービスのクオリ

ティも非常に高いのです。多くの学校には日本人スタッフが常駐し、他の国と違って日本で受けるサービスに近いレベルが期待できます。これは初心者には向いているといえるでしょう。ただし逆を言えばその快適な、"ゆるい環境"に甘えてしまって結局「遊学」で終わってしまう可能性も高くなるので、楽な方に流される自信のある人にはあまりおすすめできません。

■**王道のアメリカ**

留学といえばまずアメリカを思い描く人が圧倒的に多いはずです。とくにニューヨーク、ロサンゼルス／カリフォルニアは最も多くの人が指定してくるエリアです。語学留学の人気はもちろんですが、進学先としては圧倒的な人気があり、『タイムズ』の世界大学ランキング[※3]でも上位200位の半数以上がアメリカの大学で、アカデミック面での影響力は、ビジネス、カルチャーと並んで世界でもダントツです。ただワーキングホリデーがないこと、学生ビザでのアルバイトが原則禁止で(とくに語学学校の場合は)他国と比較して多くの予算が必要になりがちなこと、都市部では犯罪のイメージが常につきまとうことなどネガティブな面もあり、このあたりはそれぞれのもつ将来の目的やイメージ、プライオリティで魅力度が大きく変わってきます。

ただしニューヨークには世界の中心であるニューヨークにしかない魅力があり、これは他のどの都市にも代わりがきか

ないものであって、治安に関しても、一度行けばわかると思いますが、日本で思っているものとは全く違います。さまざまな分野でのナンバーワンと共にこういったオンリーワンを持っているのもアメリカの強みと言えるでしょう。

■稼ぐならオーストラリア

　オーストラリアは日本と時差がないこと、大自然に囲まれた安全な国というイメージが強いことから、初心者に人気の渡航先の一つです。またワーキングホリデー・ビザも取りやすく、延長で2年間行けることもその助けになっています。ただし物価が右肩上がりを続けていることに加えてオーストラリアドル高で、日本から渡航する場合の経済的な壁がかなり高くなっています。実際のところ語学留学にしても大学進学にしてもアメリカやイギリスより多くの予算が必要となっており、私のように「アメリカに行きたいけどお金がないから3割引で行ける物価の安いオーストラリアに行く」という時代を経験した人には理解できない状況が続いています。

　でも、ワーキングホリデーや学生ビザで行って現地で仕事をしようと考えているのであれば、このドル高そして最低賃金の高さでかなり稼ぐことは可能です。実際オーストラリアの最低賃金は日本円にして時給1600円以上と破格です。日経新聞によると2014年度の日本の最低賃金の平均は時給にして780円ですので2倍以上。オーストラリアなら最低賃金で働いて残業なしでもグロスの年収は330万円を超えます。

西海岸のパースではトラックドライバーが1000万円稼ぐと言われていてこれは都市伝説ではないようです。ただし、当然ながら英語のスキルはある程度必要になってきますし、英語力があればより高いレベルと賃金の仕事ができる可能性がありますから、短期的な視点での「出稼ぎ」的なものではなく、帰国後のキャリアアップのマイルストーンとして考えた方が良いと思います。

■ **イメージと実質で優位なイギリス**

イギリス留学というと高貴なイメージがあります。それは王室の存在もあるでしょうし、ほんの10年ほど前はポンドが今の1.5倍ほどの250円以上もしていたこととも関係あるでしょう（2014年8月末時点で179円……40％も違います）。イギリス留学には年間400〜500万円が必要という時代でした。それが5年ほど前にはイギリスが最も安く留学に行ける英語圏の一つになり、いまはそこまでではないにしても、たとえば大学に進学するのであれば国内のほぼ全ての大学が国立大学であったりキャンパスに学生寮が併設されていて安価に使えたりすることで、四年制大学をベースに考えれば他の英語圏の国と同じかそれよりも低い費用での留学が可能です。ましてMBAを含む大学院であれば基本的に1年制であるために、最短かつ低予算で平均的な教育機関のマスターの学位が取れるといっても過言ではないでしょう。

こうした事情とアカデミックレベルの高さ、費用的なアド

バンテージがイギリス留学の大きな魅力です。英語に関しても発祥の地のこのブリティッシュアクセント（クィーンズ・イングリッシュ）をイヤミだと言う人と同じくらいに非常に好む人もいます。

またヨーロッパ好きな方には格安航空券を使って週末ごとにパリやミラノに行けるという点も大きくアピールするはずです。もっともこれはアイルランドとの差別化にはなりませんが。

■立ち位置が微妙なニュージーランド留学

ニュージーランドも英語圏の語学留学のための渡航先としては悪くない選択です。安全なイメージ、そして羊より少ないと言われる素朴で優しい人たち、時差が少なくいつでも日本に電話できて安心。『ロード・オブ・ザ・リング』、『ラストサムライ』、『アバター』ほか多くのハリウッド映画のロケ地としても使われるなど、景色も壮観で大自然の魅力は一杯です。

ただし多くの留学希望者が気にする日本人率が問題です。2013年秋の『STM』調査によると、語学学校における国籍ランキングで日本が16.2%と、2位の中国、3位のサウジアラビアをおさえてトップです。これは英語圏の他の国と比較しても最も多い割合です（もちろん絶対数はアメリカなどより大きく下がりますし、逆に一番少ないくらいです）。それと「物価が安い」というのは過去のことになりつつあり、2014年8月末現在89円と高止まりしているニュージーラン

ド・ドルが気になります。2009年の50円そこそこの頃と比較するのは行き過ぎだとしても、2012年9月時点で65円でしたから2年間で40%近く「値上がり」しているのです。消費税が2〜3%上がったくらいで消費が変わってくるのですからこのインパクトは相当大きいでしょう。

■ **オンライン英会話には使えるフィリピン留学**

「安い」「近い」を売り物に近年、フィリピンへの語学留学が盛んに宣伝されています。たしかに公用語もフィリピノ語（タガログ語ベース）と英語が使われています。個人的にも好きな国です。でも、留学エージェントとしては、正直あまりおすすめする気になれません。理由は、本当の意味での英語圏の暮らしができないからです。

英語はたしかにかなり通じますが、本当の意味でのネイティブではありません。はっきり言って文法も発音も不正確です。現地人同士は英語で会話しないのですから当たり前です。本書冒頭で紹介したETSの公式発表を見ても国別のTOEFLスコアでフィリピンはアジアの中でシンガポールはもちろんインド、パキスタンよりも低くマレーシアと同じ平均点です。

もうひとつの理由は、語学学校のほとんどが韓国か日本の資本であり、大抵はこの二カ国で100%を占めます。教え方も「マンツーマン」方式が主流で、多国籍の学生がグループで学ぶ英米諸国の事情とは異なります。学生どうしで切磋琢

磨したり、卒業後のグローバルな人脈作りなどは期待しにくいでしょう。

　日本人が心地よいと感じるレベルのものを得るためには、また滞在費も、現地の人の水準より高い住居費、生活費になりがちなので、現実的な選択肢をした時には決して「安い」とは断定できません。

　もちろんフィリピンを全否定するわけではなく、使い方が違うという話です。私が考えるフィリピンの効果的な留学はそれこそお茶の間留学、つまりオンラインでの英会話です。本当の意味での英語圏に留学する前に日本人の弱点であるスピーキングスキルを鍛える方法としてはマンツーマンで効果が上がると思いますし、そのときには多少相手の発音が本来のネイティブのものと違っていても30分で100円前後というコストパフォーマンスを考えると許容範囲です。従って国内ではこういった形で準備を行い、留学は「本当の」英語圏に行くというのが私の考えるオススメの留学パターンです。

ジュニア（サマー）プログラムの重要性

　一般的に夏休みに行くことが多いのでサマープログラムという言い方も多くされますが、冬や春にも開講している場合もあるのでジュニアプログラムあるいはユースプログラムと

も言われます。要するに日本の学校が休みに入る期間を利用して数週間海外の教育機関等が主催するプログラムに参加し、世界中から集まった同年代の学生と一緒に午前中は英語を勉強して午後にはサッカーなどのスポーツ系あるいは演劇などの芸術系などのアクティビティに参加し、夕方から夜にはダンスやカラオケ、ボウリングなどのイベントを通して楽しみながらコミュニケーションを取るというものです。

　プログラムによっては小学校低学年から参加できるものもありますが、一般的な日本人の語学レベルや成熟度合い等を考えた時に小学生ではちょっと無理があり、実質的には中学一年生あたりがミニマムの年齢で本人が本当に参加を希望し言葉の面でもそれなりに準備していて性格的にも多少のことでめげないとかしっかりしているという場合でないと本当の意味で楽しめないかも知れません。

　平均2〜3週間という参加期間ですので、正直それだけで劇的に英語が話せるようになるということではありません。でも渡航が決まった時点でだいたいの参加者は不安と期待から現地での英語でのコミュニケーションができるよう多少なりとも取り組みます。そして現地では日本でまず会わないような顔や国籍の友達が一気にでき、スポーツやイベントを通してコミュニケーションの面白さ、難しさを肌で体験し、英語が「勉強」ではなく生活や友達付き合いのための「ツール」に変わるのです。こうなれば帰国してからもフェイスブックやツイッターに代表されるソーシャルメディアを使ってコミュニケーションを続けることも多いでしょうし、いち

いち勉強しなさいと言われなくても英語で電話しているかも知れません。たとえばロシアとウクライナの友達ができれば英語だけでなく帰国後には世界史や地理の教科書も「睡眠導入剤」から魅力的な読み物に変わるかも知れません。ニュースを見ても全くの他人事ではなくなってくるでしょう。必然的に大学の選択も世界に広がるかも知れませんし、実際現地で英語による英語又は（プログラムによっては）数学等の授業を経験しているのですからある程度海外での授業の雰囲気やそこで実際自分がやって行けそうか・やって行きたいかの判断材料にもなります。

　このようにたった数週間ですが人生のターニングポイントにもなり得るものでありますので、将来的に海外を意識している中高生にはぜひこういったプログラムで「味見」をされることをお勧めします。

COLUMN

留学体験記

大谷雛子　（16歳、和洋九段女子高校1年）

　初めて海外に行きました。最初に思ったことは無事に着くだろうかということでした。そして、着いてから英語が聞き取れるのか、自分が話していることが通じるのかが心配でした。

学校では最初に、どれくらい英語がわかるかを測定するために、筆記試験とインタビューを受けました。

　私は英語が苦手で、筆記試験が全然わかりませんでした。そして、初めて英語で話しかけられたとき、すごく焦ってしまって、ほとんど聞き取れなかったし、話すこともできませんでした。

　部屋は日本から一緒に行った友達2人とロシアの女の子2人でした。ロシア人の子は、英語を話すスピードを遅くしてくれたり、積極的に話しかけてくれたりと、とても親切でした。

　クラス分けがあり、私は1番下のクラスでした。友達と離れて、めちゃめちゃ心配になりました。先生の言っていることも少ししか分からなくて、これから3週間やっていけるのか、とにかく不安でした。

　1週間目は3人で行動していました。授業以外の時間はほぼ日本語ですませていました。「これじゃ英語の勉強にならないね」と焦りも出てきて、あとの2週間が不安な感じでした。

　2週間目は慣れてきて、嫌なこともありましたが、外国の友達もできました。

　3週間目は、2週間目があっという間に過ぎたこともあり、1週間経つのが早いな〜と感じていました。

　いま振り返ると、1週間目のクラスでは、不安ばかりでした。2週間目のクラスの途中で友達2人が同じクラスになりました。それだけでものすごく心強く感じました。3週間目になると、かなり先生の話が聞き取れるようになりました。

　食堂でのご飯は最初のころは、3人で固まって食べていました。でも、2週間3週間と経つにつれ、他の国の生徒たちと一緒に食べることが多くなりました。

　授業以外にも、乗馬など初めての経験することが多くて、毎

日が新鮮で、とても楽しかったです‼

　授業終わりの水曜日と金曜日の夕方、そして土・日は皆でお出掛けをしました。お店屋さんで初めて注文をして、頼んだ物が出てきたときは、すっごく感動しました。

　帰国してから英検のテストを受けました。前に受けたとき、リスニングの点数が全く取れていなかったのに、帰国後のテストではリスニングが非常によくできていて、やはり、行った意味があったんだと実感しました。
　英会話の授業でリスニング問題があったときも、しっかり理解して聞くことができたり、穴埋め問題もスイスイ解くことができました。短期留学の効果を実感し、すこし驚きました。

学校にまかせれば安心なのか

　さて、この「サマープログラム」や「ジュニアプログラム」ですが、最近は、日本の中学校や高校で自前のプログラムを提供するところも増えてきました。親御さんも「学校にまかせれば安心」と考えがちですし、子ども本人も「いつもの仲間と一緒だから安心」と考えがちです。でも、留学コンサルタントの立場からいうと、私はおすすめできません。

　先生は現地のネイティブだとしても、日本でのクラスをそ

のまま海外に持って行き、同じメンバーで英語を勉強するという不思議な環境を作ってどうなるというのでしょう？ このプログラムは本来の趣旨を理解していないので、その効果を半分も得られないものになると思います。世界中から来たクラスメイトの中に混じってその授業の中でディスカッションをし、バーベキューやビーチバレー、ダンスパーティーなどに代表される授業後のアクティビティを通して打ちとけ、お互いの国のことや考え方を理解しあう。また日本に対する質問に、ろくに答えられずに自分の無知さに気づくことも、このプログラムの「おいしい」ところです。

極端な話、クラスでの英語の授業は「おまけ」でしかないのです。ところが、日本と同じメンバーで他の国からの参加者がいない状況で英語の授業を受けたところでそういったことはまず期待できず、そうなると修学旅行に行ったようなものでその滞在の価値は半分以下でしかありません。

学校が主催したり紹介したりしていると一番安心かと思うのはごく自然なことなのですが、今後参加される場合にはそういった内容をきちんと理解した上で参加しないと自己満足で終わってしまうことになります。それであれば、学校が提供しているよりももっと少ない予算で価値のあるプログラムに参加されることをおすすめします。

COLUMN

留学体験記

竹岡弓男 (2014年11月25日)

　僕の留学するきっかけになった出来事は、大学浪人時代にありました。現役で大学に合格できず、志望校というよりも将来何をしたいかを模索していたときに、どうせなら自分の好きなことを大学で学びたいを考えがきっかけになりました。小さなときから映画が好きだった僕は、映画学部のある大学に行きたいと、そしていつか映像関係の仕事に就きたいと考え、進路希望を当時の予備校のカウンセラーに話しましたが、準備期間が少なく今のままでは合格できない可能性があるので薦められないと言われました。それでも目標を見つけた当時の自分は「映画が学びたいならアメリカの大学に行こう！」と思い始めました。当時定期購読していた映画雑誌にアメリカの大学の映画学部に留学をしている日本人学生の体験記が載っていたのが、僕にとってはいいアイデアになりました。しかしながら、英語がそんなに得意ではなかった自分がどのようにしてアメリカで映画を学び映像業界で働くことができたのかを書かせてもらえればと思います。

　小学校のころ、英会話の塾に通っていた僕は英語に対しての抵抗は普通の人ほどなかったと思います。でも、学校の英語の成績は良いものではありませんでした。英語の成績は良くないけど、コミュニケーションツールとしての英語は得意だった気がします。そんな僕がアメリカの大学に行くにはまずは英語を基礎から学ばなくてはならない状況でした。そこでまずは日本

にある語学学校に行って英語漬けの毎日を過ごしました。映画が好きな自分は映画の脚本の英語と日本語の対訳の本を学校外では主に自主勉強で使いました。映画を見て、声を出して読んで、聞いて。その反復の勉強法でセリフを覚え、役者の話す英語のリズムをとにかく身につける努力をしました。語学学校での勉強は主にTOEFLのスコアを取るためのものに近かったと思います。アメリカの大学に入るにはTOEFLのスコアが必要になってくるので、そのハードルを越えてからではないと、教養課程や自分のメジャーの授業を受けることができません。運良く秋頃に初めて受けたTOEFLのスコアがコミュニティーカレッジの規定の点数を超えることができました。TOEFLのスコアをクリアした生徒は語学学校で通常の授業よりもアカデミックな内容のクラスを受けることができ、そこでなんとなく留学後の大学での授業をシュミレーションできました。そして1998年6月にはそういった経験を終え、アメリカ、ロサンゼルスのコミュニティーカレッジに向かって旅立つことになりました。

　アメリカに着いた当時の僕は、英語に関してはやれるだけのことをやっていたので、ある程度の自信がありました。しかし、その自信はいきなり初めて取った心理学のクラスで打ち砕かれました。まったく講義についていけなかったのです。心理学のクラスだけではありませんでした、自分のメジャーのクラス、映画のクラスに関してもほぼ講義についていけなく自信喪失になりました。

　しかしながら、そんなことでつまづいていたら映像の業界で働くことなんてできない！ 自分の最終的な目標はそのインダストリーで働くことだ！ と自分でモチベーションを上げ、なんとか講義についていくために、自分なりの勉強法を考えました。ある日、同じクラスにいた生徒が講義内容を小型のテープ

レコーダーで録音しているのを見かけました。その生徒だけではなく気にかけて周りを見渡すと数人そういったスタイルで講義に臨んでいる生徒がいたのです。そして、見つけた出した僕の勉強法は「講義中はとにかくノートを取ることに集中する」「講義内容はテープに録音する」「帰宅してからテープを聞きながらノートを見返す」「講義の前には教授の部屋に行き疑問点や分からないところをとにかく納得するまで聞く」といった流れでした。クラスでは毎回一番前の真ん中の席、つまり教授の声が一番聞こえる席に座っていました。とにかくこの一連の流れを毎日繰り返しました。

　そんな毎日を過ごしていると期待通り講義の内容にはついていくことが徐々にできるようになってきました。しかしそのままの勉強スタイルでは成績はある程度までしか上がりませんでした。理由は Class Participation のスコアが異常に低かったからです。このスコアは簡単に言うとどれだけ講義に参加して意見を言えたり、有意義な質問をできているかという評価に対するスコアです。いくら試験でいい点数を取っても、このセクションや出席日数が足りないと落第点になってしまいます。そこで僕の次の課題はいかにして自分の意見をその講義内で話すかということになりました。いままでは、講義にさえ追いついていけばいいだけでしたが、それに加えこれからはあらかじめ講義の予習をして、ある程度自分の考えをまとめて講義に臨まないといけないと自分に新たなハードルを設けました。

　クラスの初日には毎回それぞれのクラスでの講義内容を週ごとにまとめた Syllabus をいうものが配られましたので、それをガイドラインにして、毎回予習をするようにしました。講義内で観るであろう映画はあらかじめ時間があればレンタルショップに行って借りてきて見ておく、そして気付いたところをまとめておき、技術的なことやその映画が作られた当時の時

代背景などもテキストから抜き出して頭に入れてから講義に臨んでいました。最初は講義中に手を上げて自分の意見を言うなんてことはできませんでしたが、慣れてくると、自分の意見や考えに対して共感する人や反対する人がでてきて、講義が終わった後でも「今日の発言よかったよ」的なことを言われたりと徐々に講義を通じて同じ意識を持っている仲間たちと出会う機会が増えました。そんなある日、授業の後に学生映画を作ろうとしているんだけど、手伝ってくれないか？ という誘いを受けました。そうして、Class Participation のスコアを克服しようという自分の努力が思わぬ方向でも良い結果が出たのです。

ある日の講義の後に教授に教授室まで来るようにと言われました。自分から行くことはあっても、呼ばれることはなかったので、多少不安を感じながら部屋まで行くと、教授の他にもう一人男性がいました、そして教授はその人を紹介してくれたのですが、名前を聞いてびっくり、その男性は有名な映画監督のオリバー・ストーン氏だったのです。教授はいつも熱心にクラスに参加している自分に巨匠と話すチャンスを与えてくれたのです。オリバー氏はそのご自分の大学での特別講義の打ち合わせで教授の部屋に立ち寄ったということでした。そこで私はどのようにしたら映画の世界で働けるか？ という質問を投げかけました。「とにかく自分の信念を貫き、情熱があるものに対してベストを尽くしなさい。そしてその努力を実らせれる現場

にとにかく自分から飛び込んでいきなさい」というシンプルですが、ためになるなるアドバイスをしてくれました。その突然の出会いのときにしてもらった彼の映画史のテキストブックに書いてもらったサインは今でも宝物です。

　オリバー氏に言われた通り、その日を境に私は自分から積極的に映像の制作に携わるようになりました。給料は要らないから、なんでもするから、とにかく現場で勉強させてくださいと人づてに日本のCMやミュージックビデオの撮影現場に顔を出させてもらったり、ロスにある映像プロダクションに履歴書を送りまくったりと、とにかく早く映像の職につけるように手当たり次第にトライしました。日本のスポーツ新聞社の方の取材時の通訳ということで仕事を頼まれたこともありました。そのときはシュワルツェネッガー氏がカリフォルニア州知事選に出馬するということもあり、日本から1週間アメリカに州知事選を取材に来た方の通訳と運転手をさせてもらいました。演説や選挙事務所に付いて回り演説を録音して原稿を日本語に訳したり、他の候補者のインタビューの交渉をしたりバタバタとカリフォルニア州内を走り回りました。当選当日のシュワルツェネッガー氏がいた場所はロスのセンチュリーシティーという場所で現場にはなかなか入らせてもらえなかったのですが、たまたまその現場にロス駐在の日本のテレビ局の私の知り合いの方がいたので、話をつけてもらい特別にメディアパスを頂いて、会場に入ることができました。当選の瞬間会場に紙吹雪が舞いなんとも言えない、アメリカ感を感じたのを今でも覚えています。

　その仕事の後、ある知り合いからソニースタジオでシニアCGプログラマーとして活躍されていた日本人の方の取材を手伝って欲しいという仕事をいただきました。彼はハリーポッターシリーズや、スパイダーマンなどのCGを担当している、

現役の映画業界人でしたので、これは自分にとってもチャンスだと思い、取材後個人的に連絡を取らせていただき、色々と映像業界で働くためのアドバイスをしていただきました。
　最後にもう一人留学中に自分のモチベーションを上げてくれた方がいます、それは画家のヒロ・ヤマガタさんです。ヒロさんに初めてお逢いしたのもまた人に紹介されたのがきっかけだったのですが、個人的に色々と話を聞いてもらったり、個展に呼んでいただいたりと大変お世話になりました。そして在学中に映像関係で就職先を見つけ、これから映像関係で働かせていただきますという報告をしたところ、2冊の本をプレゼントしてくれました。それはヒロさんがアカデミー賞のアートディレクションをしたときの本で関係者のみに配った本だったそうです。「いつかこの場に立てるように頑張りなさい」と言ってもらい、留学生としての最後の思い出になるエンディングだったと思います。
　留学を通じて一番必要なのは英語力そして情熱だと思っています。英語力なしでは、たとえ自分が何かに情熱を抱いていても大変な遠回りをしないといけない可能性が高くなる気がします。語学力というテーマをクリアして、なおかつその情熱に見合う努力すれば、たくさんの人が認めてくれて、応援してくれる、そんな素晴らしい体験をしたのが私の留学経験でした。

PART 4

ワーキングホリデー、インターンシップの真実

ワーキングホリデー

■ **そもそもワーホリってなに？**

ワーキングホリデー（ワーホリ）とは、世界のさまざまな二国間で結ばれている協定であって、通常1年間（オーストラリアは最長2年間）、18～30歳くらいまでの若者がお互いの国に滞在して仕事や旅行、生活を通して交流し異文化に対しての理解を深めるというものです。英語圏でいうと日本はカナダ、オーストラリア、イギリス、ニュージーランド、アイルランドとこの協定を結んでいます。[※1]

ワーホリの最も大きな特徴は、渡航先で仕事に就けるということです。通常留学では勉強が主な目的なので、アルバイト等は許可されていないか許可されていても時間制限があります。また実際勉強に追われてアルバイトをする時間や余裕がない場合もあります。ですので日本を出る前に授業料とその間の生活費やお小遣いなど全てを貯めていく必要があり費用負担は大きくなります（年間300万円程度が目安）。

これに対してワーキングホリデーで渡航した場合には現地で学校に通う義務はありませんので、運が良ければ到着して一週間後には仕事に就くことができます。実際に私のケースがそうでした。したがって日本出国時点では、航空券と保険

の費用、それと最初の数カ月分の生活費だけ用意するだけで（通常50～60万円程度以上あれば）何とかやっていくこともできます。

■ **諸刃の剣に要注意**

ほとんどの人が費用の心配をしなければならない中、非常に魅力的なオプションがこのワーホリですが、これがいつも完璧なソリューションになるわけではありません。まず第一に、私たち日本人の平均的な英語力、特にスピーキングレベルの低さは恐らく皆さんの想像以上です。そしてそれは数週間して自然と慣れて話せるようになるほど甘いもんじゃありません。普通のレベルの中高に通って普通の英語の成績だったレベルの日本人が普通にしていると半年経っても仕事で使えるレベルには遠く及びません。そうなるとかなり焦ってきて、そんな時にジャパレス（日本食レストラン）やスーベニアショップ（土産物屋）のバイトで出会った同じような境遇の日本人とつるんで「楽しい」ワーホリ生活をあっという間に終えて帰国することになります。履歴書にはその一年のことも書く必要がありますから、500点レベルまたはそれ以下のTOEICスコアと一緒に海外で一年間遊んできたことを証明することになります。

これは考えてみると当然の流れで、自分が日本でレストランやショップを経営していたとして、日本語で満足に接客ができない外国人スタッフを時給1,000円～1,500円も払って

雇う気にはなかなかならないと思います。そう考えると英語を話す仕事は英語がちゃんと話せる人、英語を話せない人には英語を話さなくていい仕事が自然の原理で割り振られていくのが理解できると思います。当然のこと海外にいようが英語を話さないと話せるようにはなりませんから、どの仕事につくかで実際英語を話せて帰ってくるかそうでないかも変わります。もちろんプライベートな時間で英語を話すチャンスはたくさんありますが、多くの場合人との出会いは仕事がらみでもありますので、職場が日本人ばかりになってしまうとプライベートでは強い意志を持ってそこを抜け出して自分で英語環境を作る必要があります。ちなみに世界に出ると平均的な日本人男性はモテないのでその逆風の中で友達や彼女を見つけていく覚悟が必要ですし、逆に日本人女性は色んな意味でモテすぎるので勘違い＆舞い上がって自分を安売りしない注意が必要です。

　カウンセリングで私がよくアドバイスするのは、ワーホリに適しているのは語学力にある程度自信があってすぐにでも働けるような人、そういう人が最初の数週間から数カ月語学学校に通ってウォーミングアップをして、それから働くパターンです。全く語学力に自信が無い場合は実はワーホリに不向きで、たとえばカナダで半年語学学校に通っても別に良いのですが、それだとせっかくの一生に一度のその国で働ける権利を半分放棄しているようなことにもなるので、まず学生ビザなどで語学学校に通ってある程度仕事ができるレベルにしてから、ワーキングホリデービザを取ってその期間に存

分に働くパターンをお勧めします。もちろん物理的に時間がもうない場合には最初からワーホリでも良いのですが、それであればできるだけ早くから準備して現地でなるべく早めに働けるように日本で意識しておくことが大事だと思います。

■ 結局ワーホリは評価されるのか？

　ワーホリはその名前が示す通りワーキング「ホリデー」です。帰国後に企業の面接に行ったときには海外の大学を卒業しましたというのと同等には扱ってもらえず、普通にしていると長い「ホリデー」を海外で過ごしてきたくらいに思う面接官も多いでしょう。ビザのもともとのコンセプトも、必要な資金を現地で稼ぎながらホリデーを過ごすというものです。ただし一年間を通してキャリアを積むことも可能で、最終的にはビザの名前やオリジナルのコンセプトがどうであろうが関係ないことで、自分が現地で何を実際やって何を持って帰ってきたか、英語力ならそれをどこまで伸ばしてきたかという証明を面接で自信を持って語れることがあるかどうかにかかっているのです。これはある意味でディプロマを取ったり大学を卒業した場合にも当てはまることですが、それがあれば必ず就職できるという類のものではなくて、結局それを通してどんな自分がそこにいてそれをその企業の発展にどう役立てられるのかを話せるかだと思います。最終的にはそれがないとどの国でどんなプログラムを修了しても満足のいく就職を得るのは難しいと思いますし、留学に行くというこ

とは証明書を買いにいくのではなく、そういう風に自分を変えていくということだと思います。

■ **語学留学とワーホリの違い**

　再度ここで語学留学とワーホリの違いをまとめておくと、語学留学では1年でも2年でも授業料を払って出席さえすればそこで滞在できますし勉強できます。ワーホリは滞在が1年間（オーストラリアは延長すると2年間）と限られていますし学校に通える期間に制限もあり、たとえばオーストラリアは4カ月、カナダは半年までです。語学留学は70歳の方でも、それが3回目でもできますが、ワーホリの場合は1つの国では一生に一度しかそのビザが発行されませんし年齢も多くの場合18〜30歳迄と制限があります。仕事に関しては語学留学では制限があり、たとえばイギリスやカナダ（＆アメリカ）は語学学校に通うだけであればその期間のアルバイトは禁止されていますし、オーストラリアやニュージーランド、アイルランドは学生ビザでの滞在中は週に20時間までと制限があります。ワーホリは40時間フルタイムで働くことができます。語学留学は勉強がメインですので、アイルランドを除いては学校の期間が終了すると原則仕事をすることができません。インターンは可能なケースもありますがこれは多くの場合無給というのと学校のプログラムの一部となっているためです。そんな具合ですので用意する資金も全く変わってきて、語学留学はトータルで年間200〜300万円が一

つの目安、一方ワーホリは50〜100万円が一つの目安となります。

■ 国によって違うワーホリの条件

同じワーホリでも国によって違います。前述の就学期間、就労時間の他に、オーストラリアやカナダなどは発給数の心配をしなくていい一方、イギリスは抽選でその倍率は10倍とも20倍とも言われています。また申請時期に関してもオーストラリアやカナダが実質通年でできるのに対してイギリスやアイルランドは時期が決まっています。年齢についてもオーストラリアやカナダ、ニュージーランドは30歳までですがイギリスとアイルランドは原則25歳となっています。ただしアイルランドは実質30歳と言っていいと思います。

仕事を見つけるのに、自主性と行動力が重要で、当然のこと英語力があったほうが圧倒的に有利になるというのは英語圏のどこも同じです。それでも日本人が多めのオーストラリア、カナダには、まだ日本語での仕事も多くあります。代表例は日本人向けの日本食レストラン、土産物屋、日本の旅行会社の支店や下請けに所属するランドオペレーター(ツアーコンダクター)から日本人ビジネスマン向けのキャバクラまで……日本全国に友達ができるのはちょっとしたメリットかもしれませんが、日本人村の住民になるリスクも考える必要があります。

一方イギリスやアイルランドでは、そのようなリスクは低

い一方で、英語ができないと話にならない恐れもあります。ニュージーランドは多くの人がオーストラリアへ出稼ぎに来ているほど求人自体が少ないので(そして前述の通り日本人が割合として多いため)、運が良ければいいのですが他の国とはまた違ったチャレンジがあります。

　語学学校に通える期間も国によりまちまちで、イギリスとアイルランドは制限がない一方、カナダとニュージーランドはそれぞれ半年、オーストラリアにいたっては17週間となっています。滞在期間も多くは１年間ですが、イギリスは２年まで、オーストラリアも一定期間農作業などを行うことにより滞在の延長が認められ合計２年間まで滞在することができます。

　それ自体さほど難しいものではありませんが、申請方法や申請可能時期もまちまちなので、しっかりリサーチするか、エージェントと事前に準備する必要があります。でないと気づけば今年の申請は先週終わっていた、しかも今年が最後の申請可能な年だった……という、悔やんでも悔やみきれないことになるかも知れません。

■ **ワーホリの活用例**

　ワーホリビザを活用した一つの例として、イエローナイフやバンフ、ビクトリアなど世界的に有名なカナダのリゾート地のホテルで有給インターンシップをするものがあります。現地に行ってからどの町のどのホテルになるかが最終的に決

まるのですが、予め語学力などをチェックした上でスクリーニングに通れば、現地でその有給インターンシップに参加できることが保証されます。

多くの場合、ホテルがスタッフ用の住居を月3〜4万円で用意してくれ、そこにはイギリスやオーストラリアなどを含むネイティブも滞在することもあり、非常にインターナショナルな環境です。また時給も1000円を優に超すので、税金や生活費を差し引いても結構な金額を貯金に回せる程です。渡航時には航空券、保険などを含めて50〜60万円程は必要になりますが、現地で稼いだ報酬から生活費を差し引いた余りでその渡航時の費用をまかなってもまだプラスにすることも可能です。このように、はじめから語学力があれば収支は大きくプラスで帰国できる計算も成り立つし、最初に数カ月程度語学学校に通ったとしても最小限の出費またはプラスマイナスゼロで帰国することも可能です。

もちろんお金を稼ぐ目的で渡航するわけではないのですが、こういったやり方をすることによって大きな懸念材料である費用面を心配することなく、さらにもっと大事なことである海外の異文化での就業経験と将来に向けたキャリアを積むことができます。そして、そこには実戦レベルで使える語学力がついてくることは言うまでもありません。

「ワーホリ」で語学力アップは期待できるか？

　ひとつの国について、1回だけ利用できる制度であるワーホリに魅力を感じる人はたくさんいます。私自身はワーホリビザで渡航して、JALの現地法人で仕事をさせてもらうことができました。ただし後で気づいたのですが、それは本当にラッキーなことで、実際JALがワーホリを取るのは年に一回、一人だけだったのです。たまたまそのタイミングにあたって、そして何より英語面接でも問題なく話せたからその仕事をもらえたのです。実際その面接をしたオーストラリア人スタッフに後で教えてもらったのですが、「1カ月面接し続けたけど、誰もまともに英語を話せる日本人がみつからなかった」とのことでした。

　実際、現地でたくさんできた（！）日本人の友達の多くが、ジャパレス（日本食レストラン）、スーベニアショップ（土産物屋）関連の仕事でそれぞれのワーホリを終えました。彼ら・彼女らのメインの目的はサーフィンだったので、それはそれでよかったのです。でももしみなさんがキャリアアップとかキャリアチェンジの起爆剤としてワーホリを選んで、そしてその状態で帰国したとしたら、それはお世辞にも成功したとは言えないのでしょう。例外はあっても基本的に

はやはり英語を使う仕事は英語が使える人のところに行き、英語が使えないのであれば英語を使わない仕事が舞い込んでくるという構図は、海外にいようが日本にいようが変わらないのです。

カウンセリングで私がよくアドバイスするのは、ワーホリに適しているのは語学力にある程度自信があってすぐにでも働けるような人、そういう人が最初の数週間から数カ月語学学校に通ってウォーミングアップをしてから働くパターンです。ただしワーホリ中に語学学校に通える期間には制限があり、たとえばオーストラリアは４カ月、カナダは半年までです。当然フルタイムで働ける期間はその分減ってしまいます。

より無難なアドバイスとしては、まず学生ビザなどで「語学留学」して、ある程度仕事ができるレベルになってから、「ワーホリ」ビザを取って、良い仕事を見つけて存分に働くことをおすすめします

特に本当に「私の語学力はゼロです」と胸を張って言えるような方はその方が最終的に実のある海外生活を送れるかも知れません。

インターンシップって何？

　日本でも最近はよく行われているようですが、インターンシップは留学の世界でも人気のプログラムの一つです。場合によってアルバイトと重なることもあるのですが、アルバイトの第一の目的がお小遣いや生活費の一部を稼ぐことにあるのに対して、インターンシップの第一の目的は学校で学んだことをベースに企業などで一定期間経験を積むことです。

　特に海外でのインターンシップは多くの場合、語学学校とセットになっていて、要は語学学校で学んだこと、つまり英語を企業やお店で同僚または顧客相手に使うことでクラスの外での実践的な英語力を身につけるという目的があります。もちろんそれだけでなく必然的に同僚や上司などとの付き合い方が日本とどう違うのか、一番分かりやすい例で言うと上司をファーストネームで初日から呼び捨てにするという日本では一発退場になりそうなことが普通であることを学んだりするのです。それ以外にも、オフィスワークが分業制になっていて、それゆえに周りを見ながら仕方なく残業という日本古来の「しきたり」が不思議に思えるようなことが普通であったり、という異文化体験をあらゆる場面ですることになります。ある意味では日本の常識を外国人目線で見られるようになる準備をすることにもなります。また場合によっては

マーケティングのアシスタントをさせてもらうことによって会員カードなどに入っている個人情報や購入履歴をどうデータマイニングとして活用してキャンペーンを打っているのかとか、価格設定をどうやっているのかとかいった英語や異文化体験をも超えた貴重な経験ができることもあるかも知れません。ただし、それもこれもまずは最低限の語学力がないと話にならないことをしっかり覚えておいていただきたいと思うのです。

　ちなみにほとんどのケースではこのインターンシップは無給です。理由は、たとえばアメリカやイギリス、カナダでは（一部の例外を除いて）賃金にあたるものを受け取るのが禁止されていること、また労働を提供しているというよりも学ばせてもらっているという側面が強いためです。実際は無給であるばかりか数百ドルまたはそれ以上の費用を支払って企業などに入らせてもらうという形を取ります。

　話を戻して語学力ですが、普通に考えて、自分が日本で殺気立った環境で働いている中で、ある日挨拶レベルしかできないイタリア人が自分のチームに配属されたとします。デザイナーならまだ良いのですが、たとえば一緒に電話受けをすることになったらもうそれは悪い冗談だとしか思えないでしょう。でも不思議なことにいざ自分が海外に行くとなると英語、特にスピーキングには全く自信はないのにオフィスワークのインターンシップ、しかも有給のものができるのではないかと思って探してしまうことがあります。

　渡航してから現実を知るくらいであれば心と資金の準備が

できるようここで知っていただきたいのですが、やはり普通に考えてそれは全くないとは言いませんがレアケースになります。そして英語が全く実用レベルで話せないのに何かの間違いで有給の電話受付や接客に採用されてしまうとラッキーどころか砂をかむような思いを毎日し続けることになります。もちろんそれは無給であっても厳しいのですが、有給であればそれだけ研修の要素がなくなり要求も厳しくなりますのでちょっとしたジョークやご愛嬌ではすまないことになります。ですので、そういった世の中の仕組みを理解した上でインターンシップをすることが果たして現実的なのか、それまでに語学学校などで語学レベルをどこまで上げればいいのか（簡単に言うと通常は最低でも中級の上のレベルが必要になります）、そこに行くまでに自分の今のレベルからはどれくらい掛かる見込みなのかなどを現実的に考える必要があります。

ワーホリとインターンシップの組み合わせとは？

　ワーホリは学生というステータスで渡航しているのではない分、必ずしも語学学校に通う必要がありません。1年間フルで都市部の語学学校に通うとなると（いわゆる「ビザ取り学校」のたぐいは別として）、費用は、年間の授業料とその間の寮・ホームステイなどで300万円以上というのが目安に

なるでしょう。それが必要ない分、ワーホリは非常にローコストでの滞在が可能なのです。とはいえ、前述の通りジャパレス、スーベニアショップでその貴重な期間が終わってしまうなど、キャリアを積むことを考えた上での大きなリスクもはらんでいます。

　一方企業等でのインターンは魅力的ですが、多くの場合は語学学校とのセットになっていて、例えばエンバシーの場合はマンハッタンのオフィスでインターンができるのですが、その期間は2カ月が最長ですし、さらにそのインターンは無給です。1年間通うとそれ以外の10カ月は結局授業を受けることになり、やはり費用的に難しくなるかもしれません。そこでこのワーホリのビザを使って企業等でインターンをするという方法があり、これであればワーホリビザで最長1年間ずっと有給で働けるという点と、レストランやショップの類ではなく企業で経験を積めるという大きな魅力があります。

　例えば法律事務所、IT関連企業、あるいは旅行会社で実践を通してコミュニケーション力はもちろんのこと、顧客や上司との接し方、同僚との距離の縮め方など様々なことを体で学んでくるわけです。ただし！給料を払うのですから雇う側もよりシビアです。当たり前です、生活がかかっているのですから。高いコミュニケーション能力が求められますし、場合によってはそれ以外のスキルも必要になるでしょう。実際のケースとして数週間で解雇になった日本人もいます。恋愛でもそうですが世の常として、相手に求めるものが大きくなるほど自分がそれに釣り合ったものを提供しなければなり

ません。それができない場合その関係は長く続かないと思ってほぼ間違いないでしょう。もちろんどこにも例外はあります、でもそれを言い訳にしても成功する可能性は大きくありません。語学学校のように誰でも受け入れてくれる世界でない分、まず正面から現実を受け止める必要があります。

日本＋世界で仕事をする選択

　グローバルに仕事がしたい、と思っているひとは多くいるでしょう。というよりこれから10年後、20年後は多分そんな言葉自体が無くなるくらいにグローバルが普通のことになると思います。「既に起こった未来」というフレーズを日本人の大好きなピーター・ドラッカーが残しましたが、たとえば2040年の総務省統計局の人口ピラミッド予測をみてもそれは既に末広がりの「ピラミッド」ではなく、下の方が逆三角形になっていく「凧」の形になっています。今すぐ新生児が爆発的に増えたとしても、もう2040年時点での日本人の20歳人口は確定していて、その未来は「既に起こった」のです。当然のこと20歳をコアターゲットにした商品は同じシェアを取っても年々売り上げを下げることになります。そうすると高齢者対象商品をメインとしない企業の多くは世界のマーケットに出ていくことになります。自然と人材は現

地で調達する and/or 世界でも問題なくやっていける日本人を求めるようになります。というかそれはもう始まっています。そしてその動きはこれから加速していくことはあっても後戻りはしないでしょう。

そんな世界では、たとえばクリエーターという直接的に輸出入に携わらない職種であっても、英語というツールをもっていることはもちろん、実際に海外で活動経験があることが今後のキャリアの上で大きな武器になるでしょうし、世界にネットワークがあることも同様でしょう。そんな世界が現実になるのであれば、学校で音楽プロデュースや映像を学んだりする場合にも、たとえば SAE Institute のような海外の学校でグラミー賞受賞者に直接指導を受け海外のクラスメイトとネットワークを作る方が有利になっていっても不思議ではありません。

また俳優・女優をするにしても、日本での経験に加えて、たとえば Relativity School のようなハリウッドの映画スタジオが直接運営するような大学で学び、そのスタジオが作る作品に出演することでハリウッドを含めた世界で活動するチャンスが大きくなるのかも知れません。

同じことは他の業種や職種にも言えます。それがいわゆる普通の会社員であっても、就職先候補の企業が日本だけでなく欧米を含めた世界中の企業になるわけです。日本語だけであればほぼ日本企業への就職に限定されますが、日本語に加えてネイティブレベルに近いレベルの英語でビジネスができ、異文化でのグループワークができてリーダーシップが取

れれば、世界進出を積極的にする日本企業にも日本の外資企業にも非常に魅力的に映るでしょう。英語圏はもちろん、非英語圏であるフランスでもタイでもブラジルでも、ビジネスのデファクトスタンダードは英語ですから、世界中で就職するチャンスが出てくるわけです。日本に住んで日本で仕事をしているにもかかわらず英語しか話さないビジネスパーソンを大体の方はご覧になったことがあるはずです。トップクラスの有名どころでは日産のカルロス・ゴーンさん（彼はフレンチですが英語で業務をこなします）がそうで、日本企業は独自文化のなかで動くのでこれが少ないことでも有名ですが、海外ではごく一般的なケースですから自分がそうなるチャンスも十分あるわけです。

　海外に行くことで日本での就職を気にする方も少なからずいることでしょう。それは確かに新卒一括採用に関しては気を付ける必要がありますが、これも徐々に変化または衰退していくでしょう。中長期的に見た場合には、海外留学はメリットの方が圧倒的に大きいと私は思います。

インターンシップ体験談

山崎野々華

　もともと海外旅行が大好きでしたが、英語が話せないコンプレックスから自力で海外に出る事が怖くて、必ずと言っていいほど日本語ツアーでの参加でした。大学4年生、無事ITセールスとして希望の企業より内定をいただき卒業単位を取り終え、卒業に向けてまとまった時間ができたときにようやく「今しか語学留学の時間は取れないかもしれない！」と思い立ち、サンフランシスコへの短期留学を決意しました。無料で催されているあらゆる留学セミナーに参加し、料金、保険、自分の希望にあった学校や寮、何より重要な留学先の地域を自らの目で確かめ耳で聞いて回りました。そんな中エージェントの高野さんと運命的な出会いを果たすことができ、その後はとてもスムーズに学校、地域、保険、寮などが決まりました。座学の勉強が得意ではなかった私は、洋楽を聴いたり洋画を英語字幕付きで見るなど実践的に英語に触れる機会を増やして留学準備をしました。

■ **留学中 (1)**　　　　　　　　　　　　　　2011年8月〜10月

　サンフランシスコにて Embassy CES に通いました。住まいはさまざまな人種の生徒が入り乱れるにぎやかな寮です。最初の1カ月を言葉に表すと、とにかくもう、必死でした。東京の実家で両親と22年間暮らしてきた私にとって、新しい国、新しい環境、新しいクラス、新しい友達。何もかもが新しいことだらけで毎日が刺激の嵐。私の場合には短期留学ということもあって、「滞在中はできるだけ日本語を話さない！」とあらかじめ決めていたため日常のすべてのやり取りが英語漬け。でも「伝えなくては生きていけない！」というある意味ずっと緊急状況を作り出していたおかげか2週間くらいもするとかなり多くのコミュニケーションが自然と伝わりやすく、理解しやすくなっていきました。クラスに日本人がいなかった学校の環境も非常に私にとっては良かったのだと思います。また、語学学校には「英語を身につけたい！」という共通の目的と夢を持った仲間が全世界から集まってきていますので、友達もとても作りやすいです。留学前には映画でしかイメージがつかない別世界だと思っていたような鼻の高いイタリア人やフランス人、ターバンを巻いているインド人や情熱的で陽気なブラジル人。そしてやっぱり顔立ちはもちろん食文化も日本に近い中国人や韓国人。最初の1カ月はなれない英語でのコミュニケーションに軽い日常会話をすることに精一杯でしたが、2カ月目も中旬になると人生の価値観や環境文化についてを語り合えるような一生ものの友達（ちなみに韓国人とフランス人とスペイン人でした）にも恵まれ多様な文化や価値観を自然と受け入れ積極的に興味を持って調べるようになるなど留学前には想像もできない自分に変身していました。

　参考までに、当時の生活リズムを。

1日の平均的な流れ

7時	起床
8時30分	授業開始
12時30分	クラスメートと学校近くの公園でハンバーガーランチ
14時	クラスメートとカフェで宿題
15時30分	観光（美術館や有名な場所等）
18時	帰宅、休憩
19時	寮の友人と寮の食堂で食事
20時	寮のコミュニケーションスペースで寮の友人の誕生日パーティー
23時半	就寝

■ 留学中 (2)　　　　　　　　　　2012年1月〜3月

内定式があるため3カ月と決めていたサンフランシスコの語学留学でしたが、留学前に思っていた「留学」の10000000倍程語学にとどまらず価値観さえもひっくり返るほど得るものが大きかったことに感動し、みなぎる希望とパワーと勢いを武器に急遽再び語学留学を決意（※サンフランシスコの帰りの飛行機で決意しました！）。そしてオックスフォードのサンフランシスコにてEmbassyに通いました。初めての留学と決定的に違うのは、日常生活を整えることへのパワーを初めてのときほど割く必要がなかったためより授業や友人とのコミュニケーションを通じての英語の質を高めることにコミットができたことでした。ちなみに授業内容ですが、Embassyでは最新のIT技術が取り入れられており黒板の代わりに大きなiPadのようなタッチパネル式のデバイスを使用していて飽きることがありません。また、コミュニケーションのカリキュラムが重視され

ていてテキストの記事を読んでクラスメイトと自由ディスカッションするなど積極的に授業に取り組む姿勢がマストになっていました。留学期間直後は日本に帰らず、早速身につけた英語を実践的に駆使し、留学で得た世界中の友人を訪ねて一人旅を１カ月半ほど。もちろんツアーからも卒業し飛行機の手配から観光／レストランの予約まですべて自力でお膳立てです。初めての自力一人旅は、留学を締めくくる最高の時間でした。つい半年前までは一人で飛行機に乗ることすら恐れていた私が、まさかヴェネツィアのオペラコンサートの客席でスイス人のおばあさんと親しくなり、その後３日間友達のように行動を共にして、ヴェネツィアの優雅な空間を共有し笑い合うことができる日が来るなんて。本当に新しい世界が開けたなと思った瞬間でした。

■ 留学後　　2012年4月〜2013年12月

　社会人になってからはIT広告の営業マンとして新人営業トップの賞を受賞するなど楽しく夢中に営業に向き合う傍ら、連休や土日のたびに海外旅行に行くプライベートの生活はずっと続けていました。日本での社会人生活２年半で海外旅行は17回。それほどに海外の自由な空気感に魅了されていたのです。社会人生活も３年目にさしかかると考え始めるのが「今後のキャリア」。私の前職はベンチャー企業だったこともあり、「将来の自分の理想像」が明確な同期も多く２年目半ばにはその問題に真剣に向き合い始めました。「この仕事しかない！」という強いこだわりやプロフェッショナルテクニックがなかった私が頭の中で「柔軟に」、自分は何が好きで何をしたいかをシンプルに考えたときに出てきたのが留学の経験でした。そして再び、エージェント高野さんにご連絡を取りご相談に至るこ

ととなったのです。

■ **海外転職を目指し**　　　　　　　　2013年12〜2014年7月

　海外で私は何をして暮らすことができるのか。留学？ ワーホリ？ 転職？ 自分の状況的にどういった選択肢があるのかさえ分からぬままエージェント高野さんから話を伺ううちに、また一つここで運命的に1企業との出会いがありました。前職（日本での職）の時に取引先で常駐していた日系広告代理店企業のアメリカ支店より現地採用枠にて営業コンサルタントの募集が1名、出ていたのです。場所はニューヨークとまたとない便利な大都会。「ここで受からなければ海外転職はあきらめよう」という思いで書類審査、企業面接（もちろん英語です！）を5回重ね……2カ月半かけてようやく摑み取った内定。喜びも束の間、次に待っていたのは厳しいビザ所得への道のり。J1ビザを所得するには、大まかに分けてサポート企業の審査、大使館審査がありその両方にも大量な書類審査と厳正なる英語力審査や面接があるのです。これらの審査をパスすべく、エージェントと面接練習をしたり膨大な書類をかき集めたり……（大学の単位証明や銀行の英文残高証明書等まで必要なんです！）。内定までに約2カ月半、内定後ビザ所得までに約4カ月。日本で仕事をしながら、合計半年以上の時間を費やしようやくJ1ビザを手に入れ海外転職をかなえることができました。

■ **再び海外生活へ！**

　J1ビザがとれてから海外にわたるまではとってもスピーディーでした。ビザを取得した2営業日後には前職を退社（半

年前から相談していて理解をいただいていたのでこの奇跡的なスケジュールが実現できました)、1週間後には渡米。2週間後には現地で新たな仕事がスタートです。家探しや保険の手続き、引っ越し準備等はビザがとれる見込みがついた頃から少しずつ始めていてよかったなあと思うばたばた感でした。さて、アメリカはニューヨークのIT企業にコンサルタントとして気持ちも新たに働きだした訳ですが、やはり「社会人」の立場での海外生活は「学生」だった頃の留学海外生活とは大きく異なります。当然平日は朝から夜まで会社にいる訳ですし、対価としてお給料を頂きます。基本的に生活すべてにおける事象の責任は自分にあるわけですから、大小関わらずすべての「選択」が自分の現在未来を作っていくと言うことをより実感しながら日々を必死に生きています。たとえば1度、NYにきて1カ月くらいたった頃に慣れない食事文化生活に胃の調子が悪くなってしまったことがありました。保険手続きを事前にしていたからこそ十分な医療の恩恵に預かることができましたがもし保険に入っていなかったら不必要な不安や心配にかられてより苦しんでいたと思います。海外生活を始めてからは、日本にいたときよりも「自分の未来を先回りして予想し、十分な準備をあらかじめしておく」癖がつきました。仕事では、会議やメール、電話のやりとりが基本的に英語が多いです。「英語が難なく使いこなせる」ことが前提として現地採用をされる訳ですから、「英語がわかりませーん!」で通じる訳もなく、英語環境で育っているアメリカ人と仕事内容で対等に渡り歩かなければ認められないシビアな状況があります。英語面や仕事面で分からなければその場で自力で調べ、自分の肥やしにする、ことを心がけて仕事に取り組んでいます。今私の勤めているアメリカにある企業では、「自己責任で仕事を見つけてとってくる」環境があり、役職も社長以外なくフラットで個人プレーの仕事が多いで

す。プライベートの時間では、学生のときに比べお給料をいただいているおかげで行動の選択肢はぐんと広がります。ただ、学生のときのように自然と友達ができる環境はないため友達を作りたければ能動的に自分からコミュニティーに参加したり友達から友達を紹介してもらったりイベントに顔を出したりする必要があります。

そんな私の生活リズムをご参考までに。

1日の平均的な流れ

〈平日〉

8時	起床
9時	仕事開始／朝のメールチェック
10時	MTG 資料作成
11時	サンフランシスコのプロジェクトメンバーと SKYPE MTG
12時	会社同僚と中華ランチ
13時	プロジェクト遂行に必要な To Do を行う 例）日本の取引先からあがってきた日本語資料を英訳 英語にて見積書作成 英語にて電話対応 採用面接スケジュールの管理、など。
17時30分	帰社

〜 自由時間 〜

24時半　　就寝

※自由時間は…
- 本屋さん → 読書
- スーパー → お料理→晩酌しながら DVD 鑑賞（英語の勉強もかねて！）

- アパートについているジム／プールで体作り
- 日本の家族や友人とskype
- 友達／同僚／取引先のお客様と
  食事／美術館／ショッピング／映画／バー／
  クルージング　　等々

〈土日〉
- 友達と郊外のワイナリーまでドライブ
- 友達と郊外のアウトレットまでショッピング！
- 美術館
- 日本から来ている友達と、観光
- アメリカ国内を小旅行

■ 最後に

「短期留学をしようかなー」というふわっとした「想い」を実現にかえようと留学セミナーに足を運んだその日から人生の大きな転機が始まり、こうしていまニューヨークで生活をしながらコンサルティングのお仕事をするに至っております。留学を通して学生のうちから人生の選択肢を広げる事ができたことは本当に幸せです。

PART 5

海外の大学・大学院進学とディプロマの真実

より本格的な留学を考える

　本書では、ここまでの章で「語学留学」や「高校留学」についておおよそのことを紹介してきました。また、直接語学を学ぶことではないものの、ワーキングホリデーやインターンシップという制度があることなども説明してきました。

　この章では、「大学・大学院への進学留学を考えている」「社会人だが、有用な資格取得のために留学したい」などとお考えの方に向けた情報を、できるだけ整理してご紹介しましょう。その前に、もう一度本書の最初の方で示した右図を見てください。

　日本でいう大学1年生に相当する年次に、「コミュニティカレッジ（コミカレ）」「ファウンデーション」「ディプロマ」「Aレベル」などと書かれていることにお気づきになったと思います。高等教育への進路は、国によって色々なコースがあるということから理解していただきたいのです。

● 標準的海外進学ルートと年次

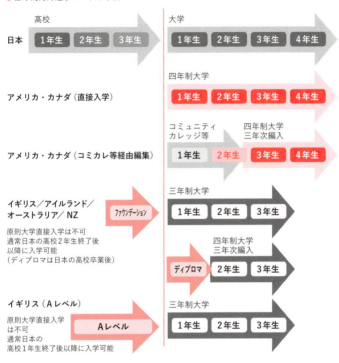

国内大学進学より安い留学方法

　海外進学について誤解されていることの代表が費用に関することでしょう。高校の進路指導の先生方の多くもご存知ないかもしれませんが、「お金がないから海外留学には行けない」という理由は必ずしも当てはまりません。

　まず国内での進学費用をみてみましょう。[※1] 明治大学の初年度納付金は150万円、次年度から120万円で4年間の合計は500万円以上。早稲田大学国際教養学部は初年度160万円、次年度から140万円で4年間合計は600万円弱。

　一方海外では、アメリカやカナダの州立カレッジであるコミュニティカレッジは、留学生向け授業料が年間60〜70万円程度です。ホームスティなど滞在費用が70万円程度なので、その合計で約140万円。日本の大学のようにン十万円の入学金などはありません。もうこの段階で首都圏の私立文系の費用と同等レベルです。日本でも自宅通学でなければ通常仕送りもすることになり、その仕送り額平均は調査によると月額9万円程度、年間100万円を超えるのですから前述の授業料などと合わせると年間250万円近く、またはそれ以上です。4年間合計で早稲田の場合だと文系でさえも、学校納入金と合計で1,000万円強となります。

海外留学の費用対効果

　費用だけではありません。車でも服でも何でもそうですが、この教育という「商品」についてもそれで得られる対価を併せて考える必要があります。グローバル化がますます加速する中で(残念ながら全員ではありませんが)、まず英語レベルが相当高くなることが期待できること、体感的に国際感覚と現地でのネットワークが得られることも大きなメリットです。

　大学教育という「商品」の質はどうでしょう？

　そもそも世界での日本の大学の評価は必ずしも高くなく、日本国内でのマスコミ報道でも最も一般的に使われるタイムズの世界大学ランキングを指標にすると、東京大学は23位、京都大学が52位で上位100位以内に入っているのはその2校のみです。その後は東京工業大学が125位、大阪大学が144位、東北大学が150位と続き、日本が誇る私学の名門慶應大学、早稲田大学は両校とも順位を確認できる上位400位までにも入っていません。

　ランキングについては議論の余地はありますが、今後よりグローバルになっていく世界では、世界は当然のこと日本国内でも、この偏差値という伝統的な基準よりもタイムズやQSを筆頭とした世界標準のランキングの影響力が大きくな

ることは予想できます。少なくともこの上位にランクインしている海外の教育機関では学生がアルバイトを中心とした学生生活を送っているとは思えません。そして英語圏なら英語の立ち居振る舞いも含めたコミュニケーションスキルがかなりのレベルで身についていると考えると、その他異文化への理解や価値観の多様性に対する柔軟性、自主性などと併せてその海外留学という「商品」を購入することの「対価」は総合的に見て非常に大きく、最も堅い投資の一つになるのだと思います。

高校中退でもリベンジするチャンス

なんらかの理由により高校を中退してしてしまった場合にも、海外で大学進学のチャンスは残されています。たとえばアメリカのオレゴン州にあるELCIという語学学校では、語学コースと一緒に高校卒業資格コースを併設しており、これを終了することで大学に進むことができます。またカリフォルニア州では高校卒業資格がない場合でも、18歳に達していればコミュニティカレッジへの入学が許可される可能性があるため、高校を中退してしまった場合にも（もちろんカレッジの授業についていけるだけの学力は必要になります）、またやり直しのチャンスは十分残されています。

日本でも高校卒業認定制度がありますが、海外で進学する場合の大きなメリットはよりフレキシブルなこと、そしてたとえ1〜2年遅れていたとしても、年齢を意識することがほとんどないということです。過去のことを忘れて再挑戦したいという場合にも、留学はチャンスを与えてくれます。そしてしっかり準備をすれば、それなりの結果、もしかすると日本では得られないようなものを持って帰ることができるかもしれません。可能性は無限にあるので、やる気があれば勇気を持ってどんどん挑戦していただきたいと思っています。

アメリカでは大卒の45%が コミカレからの編入組

　では、この章の冒頭で掲げた表に沿って、大学への進み方の多様性について紹介しましょう。まず「コミュニティカレッジ」（略して「コミカレ」）というものです。このコミュニティカレッジというのは、
　米国における州立の二年制カレッジのことで、大学進学のもっとも一般的な進路といえるでしょう。
　ある調査（AERA: American Educational Research Association）によると、アメリカで四年制大学を卒業した学生のうち、45%はコミュニティカレッジから編入した学生であったとのことです。

この進路を選ぶ理由の一つは費用にあります。名門校に1年生から入るよりも編入した方が安くなるのです。留学生たちもそのことをよく知っています。留学生が最も多いカリフォルニア州のコミカレ Foothill-De Anza Community Colleges を例に取ると、留学生向け年間授業料は約65万円で、これは四年制のカリフォルニア州立大学（サンフランシスコ）の約1/3、同じく州立であるカリフォルニア大学バークレー校の約1/5、私立のスタンフォード大学の400万円強という授業料と比較すると1/6以下という非常に経済的メリットの際立った選択となることがわかります。

　またコミュニティカレッジが入り口として選ばれるもう一つの大きな要因は、GPA（Grade Point Average）と呼ばれる評定平均を高校で満足に作れていない学生がここで再挑戦をしてハイレベルな大学に編入するチャンスがあることです。実際このコミュニティカレッジから2011～2012年に四年制大学に編入した留学生のうちの半数が、世界ランキングで10位前後に位置するカリフォルニア大学に編入しています。またカリフォルニア州以外でもさまざまな大学と協定を結んでおり、この中にはミシガン州立大学、ニューヨーク州立大学、ハワイ大学やカナダの名門マギル大学も含まれています。これらの協定には各大学と評定平均をベースとした「条件付き入学保証」が含まれています。たとえばカリフォルニア大学アーバイン校であれば3.2、コーネル大学は3.5、アリゾナ州立大学の場合は2.75という評定平均をクリアす

ることによって各大学への入学が保証されることになっています。これも大きなアドバンテージと言えるでしょう。

　留学生にとっては高いハードルである語学力についても、一般的にコミュニティカレッジは四年制大学と比較してそこまで高いレベルは求めません。たとえば多くの四年制大学に直接出願する場合、TOEFL iBT で80前後を求めますが、Foothill-De Anza Community Colleges では61あれば OK です。さらに、他の語学検定である IELTS や iTEP でも OK ですし、コミュニティ・カレッジによっては英検でも受け入れます。また高校卒業資格がなくても、年齢が18歳にさえなっていれば受け入れる場合もあります。

　このようにコミカレは、一般論として入学に関して間口は広いのですが、もちろん入学後に日本の大学のノリでやってしまうと評定平均のクリアはおろか、単位を取得することもできませんので、そのあたりは勘違いしないでください。

名門大学への進学も十分可能

　編入を得意としているのはコミュニティカレッジだけではありません。たとえばボストンにあるパインマナーカレッジでは、自校で4年間を過ごして学士号を与える選択肢以外にも、2年目からエモリー大学、アイオワ州立大学、ノースイースタン大学、パデュー大学、ワシントン州立大学という有名大学と提携を結び、多くの学生を編入させるという魅力的なオプションを提供しています。パインマナー大学自体への入学基準はTOEFLで61、評定平均が2.5以上と、それほど高いものではないので、とくに語学的にハンデを背負う留学生にとっては1年間の「時間稼ぎ」ができるという意味で、または1年目に前述の有名大学に直接入れなくともパインマナー大学経由で敷居の高い大学へのセカンドチャンスがあるという意味で、コミュニティカレッジ同様に使える選択肢と言えます。

海外で単位を取って
日本の大学を卒業

　時間や費用などの制約があって、何年間も留学することはできない、でも海外の大学のキャンパスで一度は勉強してみたいという声も多く聞こえてきます。一番簡単で手軽なのは「オン・キャンパス」と呼ばれる、大学の構内に間借りしている私立の語学学校に通ったり、大学付属の語学学校に通うことで、これであればたいてい誰でも入れます。内容はとにかく語学、いわば普通の英語学校です。

　一方、そのレベルでは物足りないという方も多くいらっしゃるはずです。実は聴講レベルの「授業を端っこで聴いて、なんとなく雰囲気を味わってきました」的なものではなく実際に授業に参加し発言し、正式な単位を取って（日本の大学がそれを認めさえすれば）、日本の大学の卒業単位にカウントされるというようなプログラムも存在します。

　これは単に付属の語学学校に通って英語を勉強するものではありませんから、毎週100ページ単位でテキストを読み込んでリサーチをしてという予習も必要ですし、レポート提出もテストもアメリカ人の学生と同様にこなすことになってきます。期間も数カ月単位のものですから履歴書にもしっかり書けるレベルです。ただ、この内容から予想できるように、実際にアメリカの大学に入学できるレベル以上の高い語学

力（TOEFLでいうと100点程度）がないと参加が認められません。一番良いのは日本の大学を1年間または半年間休学して、まず語学コースで英語力を上げてから単位認定に進むというものです。もし語学力が中級レベル以上あるのであれば、ぜひチャレンジしていただきたいものです。こういったプログラムを終えて日本の大学に帰ったときは、景色がかなり違って見え、渡航前には見えなかった色々なものが見えてくるはずです。

イギリス系の大学は3年で卒業

英語圏の中でもイギリス、アイルランド、オーストラリア、ニュージーランドは、アメリカやカナダと違って通常大学は三年制です。これは高校で日本の大学1年生レベルまで教えるというイメージで、大学では一般教養は行わず日本の感覚でいうと2年生から大学が始まるイメージです。

したがって日本の高校を卒業してイギリスの大学に入ろうとすると、頭が良い悪いの問題ではなく、システム的にそのギャップを埋める作業が必要になります。これが1学年（約

9カ月）かけて取る「ファウンデーション・プログラム」と呼ばれるもので、各大学が提供している場合とそれ以外の教育機関が運営する場合があります。位置づけとしては、大学の「付属校」に近いといえるでしょう。

実はこの「付属校」プログラムがあることで、日本のそれと同じように、いわゆる名門大学、たとえば先の大学ランキングで上位200位の一流教育機関へ「エスカレーター式」に近い状態で入れるようになっているのです。ランク400位以下の慶応大学に入れなくても102位のロンドン大学ロイヤルホロウェイ校に、条件付き入学保証付きで入れることになります。

●付属／提携教育機関での一定条件で入学が確約される海外の上位大学例

大学名	国	世界ランク	主な日本の大学
University of California, Santa Barbara	アメリカ	37	東京大学（23）
University of California, San Diego	アメリカ	41	
Australian National University	オーストラリア	45	
University of Manchester	イギリス	52	
University of Sydney	オーストラリア	60	京都大学（59）
University of Sussex	イギリス	111	
University of London, Royal Holloway	イギリス	118	
University of Sheffield	イギリス	121	

大学名	国	世界ランク	主な日本の大学
Lancaster University	イギリス	131	
Trinity College Dublin	アイルランド	138	東京工業大学 (141)
University of Leeds	イギリス	146	
University of Western Australia	オーストラリア	157	大阪大学 (157)
University of Nottingham	イギリス	171	東北大学 (165)
University of Auckland	ニュージーランド	175	
Arizona State University	アメリカ	182	
University of Leicester	イギリス	199	
University College Dublin	アイルランド	229	名古屋大学 (227)
State University of New York, Albany	アメリカ	236	
Colorado State University	アメリカ	290	
Oregon State University	アメリカ	315	筑波大学 (340)
Washington State University	アメリカ	363	早稲田大学 (384) ⋮ 慶応大学 (圏外)

出典：Times Higher Education, World University Rankings 2015

　日本で小学生から昼夜を問わず塾に通って偏差値の高い大学に入ったとしても、グローバル化がさらに進むにしたがっ

てそれ自体は大きな意味を持たないという日は近い気がします。そのときにはきっと、タイムズに代表される世界的なランキングでどの辺りにいる大学なのかのほうが重要な指標になるのでしょう（もちろんランキングが全てではないという議論はありますが、あくまで日本の指標と比較した場合という意味です）。そうであれば、こちらのエスカレーターに乗ったほうが目的地へは早く効率的に近づけるのかもしれません。

「飛び級」「2つの学位取得」が できるのも魅力

　イギリス系の大学は基本3年で卒業、ただし留学生向けに「ファウンデーション・プログラム」が1年（9カ月）あります。ですから合計4年で学士号を取るのですが、実際にはそれより早く卒業することもできます。

　イギリスのベラビーズカレッジやオーストラリアのテイラーズカレッジを含むいくつかの教育機関では、「ディプロマ（diploma）」と呼ばれる類いのプログラムを提供しています。詳しい説明は後述しますが、一種の卒業認定・修了証明制度です。このディプロマをファウンデーション・プログラムの代わりに取ることによって、その後大学の2年生に編入することができ、ディプロマ＋2年生＋3年生の合計3年間で学位取得も可能になります。

```
日本の          集中英語         ディプロマ        学部授業
高校卒業    →   プログラム   →   プログラム   →   2年間
                0～9カ月        1年間       編入
                              ├─── 3年間で大学卒業 ───┤
```

　これを受け入れる大学には、ランカスター大学、サセックス大学、西オーストラリア大学など多くのトップ200位校が含まれます。ディプロマを取るには、一定以上の各科目の成績と語学力は求められますが、決してスーパーマンみたいな学生しか無理というものではありません。

　さらに短期間で学士号が取れるケースでいうと、オーストラリアやイギリス、アメリカにキャンパスを持つメディア系大学のSAEインスティチュートでは最短2年間で学位を取得することが可能です。こうなると日本の大学に通うクラスメイトがそこから2年間学費を納めている間に自分は卒業して仕事を始められるわけですからコストパフォーマンスは素晴らしくいいものになります。

　海外進学での進路選択は本当に多彩で柔軟です。さまざまな選択肢がある中で、2つの学位が取れるという魅力的なものも提供されています。たとえばキングスカレッジがニューヨークで展開するプログラムでは、カニシアス大学の物理学とペンシルバニア州立大学またはニューヨーク州立大学のエンジニアリングの学位が取得できます。また4年間でカニシアス大学のマーケティング以外にその世界では非常に知名度の高いFIT（ファッション・インスティテュート・オブ・テ

クノロジー）の2つの学位が取得可能です。さらに進んで5年間で学士号に加えてMBAまで取得できるプログラムもあります。

またロンドンにあるリッチモンド大学はもともとアメリカの大学でありながらオープンユニバーシティから承認を得ており、これにより学生は4年間でアメリカとイギリスという二大教育大国の二つの学位（学士号）を授与されることが可能になっています。

もちろん、それぞれ簡単になし得ることではありませんが、非常に価値のあるアドオンです。日本でゆるい大学生活を送った場合との評価が大きく違ってくるのは当然といえるでしょう。

「サーティフィケート」と「ディプロマ」とは？

次に「サーティフィケート」や「ディプロマ」のことも説明しておきます。

一般的に「サーティフィケート（certificate）」は、「修了証」や「認定証」と訳されることが多く、「ディプロマ」は「資格」に近い意味合いになります。専門学校の3年次＝専修コース修了者に相当します。

サーティフィケートとディプロマを並べるとディプロマ

の方が上位になります。たとえばオーストラリアのMartin CollegeやカナダのCollege of the Rockiesではサーティフィケートを取ってからディプロマに移るといった形ではっきりとランク付けがされています。サーティフィケートはディプロマを構成する各分野の専門知識のうち、一部を修了したものという考え方からです。

これらは語学留学だけでは物足りないといった場合や、就職のときに何か資格など履歴書に書けるものを持って帰りたいといった場合におすすめです。とくに語学力が最初から中級レベルあるのであれば、半年も語学学校に通えばもう「お腹いっぱい」になって、だらけてしまう可能性もありますが、その先の目標としてこれらを設定するのはどうでしょうか。語学学校を出ていれば、サーティフィケートは3カ月未満で取れますし、4〜6カ月程度ならディプロマが取得できます。ただし期間は国や教育機関により変わるので一概にはいえませんが……。

ディプロマの利点は、それぞれのカレッジから提携している大学へ編入できることです。たとえばオーストラリアのあるカレッジでビジネスマネジメントのディプロマを取ると、そこが提携するいくつかの大学のビジネス系の専攻での卒業単位の半分が取れ、リストから選択した移籍先の大学で残りの卒業単位を1年半ほどで取れば、その移籍先大学の学位が取得できるという仕組みです。

これによって時間とコストが大幅に節約できます。同様にイギリスの大学に進学しようとする場合に、通常は前述したファウンデーションに1年通った後に3年間大学に通って学位取得となるのですが、いきなりディプロマを取って大学の2年次に編入し、その大学で残りの科目を履修して合計3年間で卒業するというワザもあります。これであれば、日本人でも1年間みっちり語学学校に通って、残り3年間で大学を卒業できるわけですから、4年間で日本の大学を卒業する友達と変わらないタイミングで社会に出られることになります。

アメリカのサーティフィケートは効果大

　アメリカの場合はこのサーティフィケートの取り扱いがまた違っています。たとえばエクステンションやワシントン大学のアウトリーチではサーティフィケートで統一されており、ディプロマ・プログラムというものは存在しません。またエクステンションではサーティフィケートでも終了するのに2年間かかるものもあり、この場合は他国でディプロマと呼ばれているものを終了するよりもずいぶんと長い期間を要します。ただしそれは極端な例で、一般的なサーティフィケートは6カ月または9カ月のものが大半です。

エクステンションは、アメリカの大学が、その学部の学生ではなく、すでに大学を出て仕事をしている社会人などに実用的な知識やスキルを比較的短期間で提供するための大学の「延長」である付属機関のことです。通常3カ月単位でさまざまなコースが提供されており、その中から規定の組み合わせを選択し、それがサーティフィケート・プログラムとして提供される訳です。これは留学生にとって非常に魅力的なオプションとなっています。

　上に出てきたエクステンションの場合、アメリカを代表する名門大学の付属機関から公式サーティフィケートが手に入り、それが今後自分の履歴書に堂々と書けるというところは素直に大きなモチベーションとなるでしょう。

　肩書きは結果ですが、クオリティの高い授業を受け、それが知識・体験となり、また地元のアメリカ人プロフェッショナルたちと肩を並べて勉強する訳ですから、人的ネットワークもできてきます。そして、それに加えてこれらを9カ月で規程の単位数以上取れば、その後最長1年間はアメリカでその専攻の延長線上の実践的なトレーニング、つまり有給インターンシップ、言い換えれば仕事ができるということも非常に大きなポイントです。

　全体の滞在期間は長くなりますが、授業料は60万円程度ですから、通常の語学学校よりむしろ抑えられますし、学生が主体で運営し、寮を活用することで滞在費用もかなりセーブできます。トータルで2年近くの滞在期間中にアメリカで

経験したことは、日本で英語をシャカリキに勉強しても得られることではなく、きっと大きな自信になるはずです。

海外大学院への進学を考える時代

「海外は学歴とか日本みたいに気にしないだろう？」と日本の複数の知人に聞かれたことがあります。「学歴社会」はアジア圏特有の因習？ でも実際に自分で外資で働いてみて、そして欧米を中心とした海外の人たちと多く仕事をしてみて、むしろ日本より海外の方が学位を前面に出すと感じるのです。

ひとつの例ですが、日本国内の企業に勤めている方の名刺で、部長とかいう肩書きとは別に学位を書いている人はほとんどいないと思います。ですが、欧米だと普通に MBA、MA、BA などといった学位を Education など専攻と一緒に書いていたりします。そしてそれはだいたいマスター以上、とくに MBA が多く、BA（Bachelor of Arts：文学士）、BS（Bachelor of Science：理学士）など学士レベルも見ますが、少ない気がします。そして、ディレクター（部長職）やボードメンバー（取締役）といったある程度の規模の会社の上級管理職ほど（名刺に書く、書かないは別として）マスター以上を持っているようです。

同僚の中でも担当レベルのポジションで仕事をしながら、

一旦離職してまたは夜間・休日のコースで、次に狙いたい仕事に関連するディプロマやマスターを取りにいった人も何人もいます。これから日本に海外の企業が入ってきたり日本企業が外資に飲み込まれたりすると、日本でも徐々にそういったことになってくると思います。また海外での仕事を考えている人にとっては、なおさらそういったことが現実として目の前に突きつけられてくると思います。これは英語が話せるとは別の次元の話ですが、もちろん他に誰にも負けない技術や特技を持っていれば別ですが、これからグローバルに闘っていくなかで真剣に考えていく必要があることだと思います。

最近の話ですが、名門ワシントン大学がアメリカでは珍しく10カ月という短い期間で取得できる国際関係のマスター（MA）を提供しはじめました。もちろん短ければいいという話ではないのですが、こういったレベルの高い教育機関で世界中から集まったプロフェッショナルと一緒に学んで効率良くマスターが取れるというのは一つの大きな魅力であることには違いありません。

MBA はやはり高評価

高学歴、高学位の象徴のようにみなされる資格の一つが「MBA（Master of Business Administration）です。日本語

にすると「経営管理学修士」となります。その中でも Marketing、Finance など専門分野があったりして、科目は必ずしも同じではないのですが、一般的には経済学から会計学や統計学、人材管理、マーケティング、経営戦略、企業倫理などを総合的に学ぶ修士号の一つで、マネージャー以上の管理職として業務を行う上で有効なものとされています。

とは言え、本当に MBA が有効なのかという議論もあって、私のまわりにも何人もこの MBA という肩書きを持っている人がいますが、正直実務面で仕事がデキると思う人の割合はさほど高いとは思いません。極端な例では、海外で取った学位にも関わらず英語も知識も「？」ということもありました。ただしこれは数少ない個人的な経験の中から思うことであって、決して MBA ホルダー全体に当てはまるとは思いません。それに、少なくとも転職には役立つ学位だと言えそうです。

一例です。アップル社がホームページ上で公開している "Enterprise Markets Program Manager"（東京勤務）というポジションの採用では、応募条件として "BA/BS in Marketing and/or Computer Science" というその仕事に関連した専攻での大卒の学位が求められていますが、追加で "MBA or equivalent experience preferred"（MBA を持っているか、それに相当する経験があればなお良い）と書いてあります。

これは何もアップル社に限った話ではなく、「Linked In」

（ビジネスに特化したFacebookのようなネットワーキングサービス。外資系求人情報が多く掲載されている）では日清食品の中南米セールス・マーケティング職でも「歓迎する経験・スキル」として「MBAホルダー」とありますし、ツイッター日本法人の"Director, Business Development"でも"BS in CA/Engineering preferred; MBA a plus"となっており、これはそれぞれの分野での大卒学位が応募条件だけれども、マネジメントスキル（または知識）の目安となるMBAがあればなお良い、ということを意味しています。もちろん、これはフィルタリングプロセスの一つであって、最後に残る候補者は学位だけではなく人間性や対人スキルを含めた総合点が高い人なのでしょうが、エグゼクティブなポジションを得るためのスタートラインに立つ上では下駄をはかせてくれるもののひとつですから、進路・進学検討の余地は十分にあるでしょう。

　MBAを提供する教育機関としては、アメリカを中心としたセンターを展開しているHult Internationalが何年も前から高い評価を得ています。北米では比較的珍しいタイプの1年間MBAですが、その期間ありきではなく（もちろんそれも大きなアドバンテージですが）、卒業生への評価が非常に高く、英国エコノミスト誌によるとMBA取得後の報酬の上昇率および費用対効果の2つの部門で世界ナンバーワンと位置付けられています。

PART 6

留学準備と海外生活の真実

ホームステイか寮かアパートか

　留学の夢のひとコマに「ホームステイ」のことで、こんな想像をしている人も少なくないと思います。

　「自分を迎えてくれるのは白人家庭のホストファミリーで、そこには愛くるしい12歳くらいの女の子と人なつっこい9歳の男の子がいて、芝生が綺麗に手入れされた裏庭ではホストファーザーが愛犬2匹とフリスビー。いつも笑顔のホストマザーの手料理は絶品で時には広々としたキッチンで一緒にディナーを用意したり、日本食を披露して……」と。

　でも、現実は必ずしもそうとは限りません。ニューヨークやロサンゼルス、ロンドン、バンクーバー、シドニーなど都市部を中心とした多くの英語圏では、こんな想像通りにはいきません。良い悪いとは別の話で、こうした都市では現実問題として多くの国からさまざまなバックグラウンドやカルチャー、宗教を持った移民が長い年月をかけて流れ込んで住みついています。したがって、ホストファミリーも必然的に移民のファミリーである可能性が高いのです。ファミリーがインドから、中国から、あるいはイタリアから移民していようが、アメリカで永住権をとってアメリカのパスポートを持っていれば、それはれっきとしたアメリカ人なのです。ただしその「アメリカ」のカルチャーはそのファミリーによっ

て違います。食事のメニューも、カレーが多かったりパスタが主食であったりしますし、夫婦喧嘩は中国語かもしれません。もちろんその中には17世紀にアイルランドから移民してきた想像通りの「アメリカ人」ファミリーも少なからずいるでしょう。日本があまりにもそれとは違い過ぎるために、多民族国家の現実、日常風景が想像できないかもしれませんが、この理解がないと「白人家庭じゃなかったからホストファミリーを変えてくれ」といった不条理なクレームが出てきます。

　ホームステイをするということは、そういったものも含めて受け入れ、それも含めたアメリカンカルチャーを学ぶことだと考える必要があります。

　ホームステイの利点は、さまざまなカルチャーが入り混じった中でファミリーを通して言葉も学べることです。生活の中で何かあった場合には相談にも乗ってくれるでしょうし、共同生活を通して心も通うはずです。反面そのファミリーのカルチャーやルールに一定レベルで自分の行動が制限されてしまうこと、たとえばシャワーの時間制限であったり、21:00に就寝するファミリーであれば、自分の部屋で起きていることはできても、ファミリーを起こさないよう気遣う必要はあるでしょう。

　では寮の場合はどうでしょう？　もちろんここにもさまざまなカルチャーがあります。ですが、家庭と違ってここは仮の共同生活ですから、そのミックスされたカルチャーでの主導権は自分も握ることができます。というか、自分も参加で

きます。そこにいる皆が一つ屋根の下で生活するうちにファミリーになるのです。そこにはホームステイとは、また違った感動もあるはずです。ただ、皆がネイティブではないので、その国のカルチャーや家庭生活の営みぶり、といったことは望めません。シャワー時間や帰宅時間に代表されるように自由度はホームステイよりもこの寮の方が高くなります。

　では、ひとりとかふたりでシェアして暮らすアパートを選択するというのはどうでしょう？ といっても英米などで apartment とか mansion というのは、かなりの大邸宅のことなので、「フラット」とか「ステュディオ」が、日本でいう「ワンルームマンション」に近いものです。ともかく、こういう住まいで暮らせば当然自分の好きなように帰宅して、寝て、起きて、洗濯ができます。ただ、ホームステイや寮のように、それぞれファミリーや友達とのある意味で強制的なコミュニケーションがないので、自分から働きかけなければコミュニケーションの機会は大幅に減ります。よほど自立して自分をコントロールできる人、そのデメリットも理解している人でないと、せっかくの「異国ぐらし」体験の収穫もごく限られたものになってしまいます。

ホストファミリーへお土産は必要？

　ホストファミリーが決まるのはだいたい渡航の1～2週間前、多くの方が思われているより渡航の直前です。本当はもっと前に決めても良いのですが、決まってから病気や怪我をしてしまったり、旅行や出張などによる変更が多いものなのでなかなか最終的な確認が取れるまで情報は来ません。それはそれで色々想像しながら楽しむという風にポジティブにとらえればいいのかなと思います。さてホストファミリーがいざ決まったら、軽くメールで挨拶しておくことをお勧めします。もしメールアドレスがなかったら、わざわざ電話するまでは必要ないと思いますがどうしても挨拶しておきたいということで電話番号がシートに書いてあれば、現地時間の20:00ごろ、おそらくはもうみんな仕事や学校から家に帰ってきて、まだ寝てはいないくらいの時間を見計らって電話してみるのもいいかも知れません。でもそのときに何が言いたいのか整理しておかないと不気味ないたずら電話になってしまいますのでご注意を。そうやって軽くコミュニケーションが取れたら、ホストファミリーへのお土産を考えます。これも決して義務ではないですし、日本の訪問のようにそれがないと気まずいというものでもありません（うちがホストファミリーをしたときに来たフランスと台湾／アメリカの子ども

は二人とも手ぶらでした）が、何か小さなものがあれば喜ばれると思いますし、最初のコミュニケーションの材料になっていいかも知れません。ちなみに、私が先日のアメリカ出張で会った人たちに持っていったのは（普段そんなことしないのですが）、ドラッグストアで安売りしていた80円くらいのハッピーターンでした。それを10袋くらい買って皆にあげましたが、さすがは日本のお菓子、人気がありました。決して着物とか屏風なんかではなく、本当にそんな小さいもの、でも日本的なものが良いのかなと思います。その他、小さいお子さんがいる家庭なら折り紙を買っていって鶴とか色々作ってあげるとか、お酒の好きそうなファミリーであれば日本酒の小さいものを買っていってあげるとか、数百円レベルのもので私は全く問題ないと思っています。要はそれをネタに仲良くなる、ということですので、逆に言うといくら高価なものを持っていっても（緊張して）黙って無表情で渡していたらかえって怖いと思います。

その他ホームステイで気をつけること

　自分自身ホームステイでお世話になった経験に加えて、ホストファミリーをした経験、そして学校スタッフとして聞いた色々なクレームから思うのですが、やはり何と言っても一

番大事なのはコミュニケーションを多く取るということです。

　昨日まで、あるいはさっきまで知らなかった人が自分の家に来ていきなり家族と言われても当然家族にはなれません。何度も家の中で顔を合わせて、一緒にご飯を食べて、休日にはたまに一緒に買い物やバーベキューに出かけて色々な話をして、毎日それを繰り返すうちに家族になっていくのです。ということは逆に言うと毎日一緒に住んでいても話もしないと家族にはなりきれない、ということです。

　最初から英語が話せないのはファミリーも分かっていますしそれを恥じる必要もありません。肝心なのは自分のレベルを早くファミリーにさらけ出して、でもみんなとコミュニケーションを取りたいという姿勢を見せること、そうすることでファミリーからも積極的に話しかけてくれますし色々教えてくれるようになります。どうやって姿勢を見せるか？ ファミリーに興味を持って下さい。それぞれどんな人でどんなことを考えて毎日何をしているのか？ それを質問していくのです。そうすると相手も同じように質問してきますし質問しても答えても本当にいい勉強になります。相手のことが分かってくるともっと興味が出てくるでしょう。そうすると次の質問が出てエンドレスに会話ができるようになってきます。スポーツなど共通の話題があればなおいいでしょうし、最初は興味がなくてもバスケの試合を一緒に観ているうちに自分も興味が出てくるかもしれませんし、長男くんがやっているバンドのライブを観に行くのも楽しいでしょう。そうなると多少カルチャーショックがあっても問題にはなりません

し、逆にそれがまた話題になってお互いの文化やものの考え方に興味を持ち、話が盛り上がります。

　ホームステイで問題が起こる場合のほとんどはこういったコミュニケーションがあまりとれておらず、ホストマザーが言ったことの前半部分だけ理解して「冷たくされた」的なことになるのです。たとえば「うちのファミリーは日曜日に釣りに出かけるけどあなたはどうする？　一緒に来ない場合は一人で留守番することになるけど」と言っているのを「私たちは釣りに行くからあなたはひとりで留守番して」と理解して、「OK」と一言だけ言う。もちろん全くニュアンスの違った意味合いになって、「OK」とだけ言われたホストマザーは「せっかく誘ったのに一言で冷たくかわされた」的な思いになります。これが3回くらいあると、もうお互いに距離を取り始めても不思議ではありません。細かい部分でファミリーのルールや文化の違いは必ずあるはずで、それがあってもしっかりコミュニケーションを普段から取ってお互いに「家族」という認識と信頼関係が生まれていれば大した問題にはなりません。逆に何気ないことでも前述のように気に入らないと感じる問題になり得ますので、本当にここは大事なところです。

　それともし何か自分がそのまま飲み込めないと思ったときには必ず早い段階で質問することです。日本人のように相手を常に気遣ってという考えが無い訳ではありませんが、日本のレベルで謙遜し合って気を使い合ってというのはあまりありませんから（もちろんたまに日本人が入ってるかと思うような日本人的なアングロサクソンもいます！）、ストレスを溜め

て笑顔が引きつる前に「文句」ではなく「質問」としてしっかり確認して、また自分の思うことがあれば失礼のない良い方で言うのです。よく「外国人は思ったことをストレートに言うから自分も海外に行ったらそうしよう」と思って直球勝負過ぎて失敗することがあります。自分自身そんな失敗をした覚えもあるのですが、案外外国人でも思ったことをストレートに言いません。それをあまり我慢せずに伝えはするのですが、表現には細心の注意を払って相手に敬意を持って言っています。ですので変に勘違いして「失礼な日本人」になってしまわないように気をつけて下さい。国籍や目の色が違っても同じ人間、言われて腹が立つことはだいたい同じです。

留学の手続きはどうすすめるのか？

　留学の手続きは自分ですることも可能です。興味を持った学校のホームページ（日本語に対応しているところも多い）を読み込んで比較し、絞り込みます。

　進学留学の場合は、だいたい渡航の１年から半年前をめどに「アプリケーション・フォーム（application form）」と呼ばれる申請書類を出して、同時に必要とされている各種のデータや書類を準備します。その中には、①英語テストの公式スコア、②銀行の残高証明、③エッセイ（作文）、④最終

学歴の成績証明書、⑤在学している学校などからの推薦文、⑥健康診断など（全て英文）が含まれます。

　そしてクレジットカードや外国送金で支払いを済ませた上で、その学校からの入学許可証が届くのを待ちます。今度はその入学許可証と英文の申請書に加えてまた学校に提出したものと同じような書類を添付して、留学希望国の大使館へ提出。まだ、あります。アメリカの場合は東京の大使館または大阪の領事館で面接を受けなくてはなりません。そうやってやっと留学ビザ（学生ビザ）が発行されますから、航空券を購入し、保険に加入し、銀行などの口座開設、必要に応じて現地キャリアの携帯電話などを手に入れます。なかなか手間がかかるものです。

　語学学校の場合も多かれ少なかれ同じような手続きですが、簡素化されています。手続き開始時期は少し遅く、3カ月前から先に紹介したような手続きをしても間に合うはずです。というのも、たとえばアメリカの場合は留学期間が12週間以内、授業時間が週あたり17.5時間未満であれば学生ビザは必要ありません。一方、カナダなら留学期間半年までは学生ビザが必要ありませんし、アイルランドは学生ビザを事前に取る必要がなく、入国して警察に登録をするというふうにビザに関するルールは国によって大きく違います。極端な場合ですが、留学エージェントとしての私が扱ったものには、ビザが必要ないケースでしたが、最短で3営業日前というものを手配したこともありました。

　でも、こんな進め方は例外的であり、おすすめしません。

そういう時間がないときに限って学校も普段はやらないミスをしたり、通常は起こらないトラブルでさらに時間がかかって、関係者全員がフラストレーションを感じることになったり、渡航日を延期しなければならなくなったりするものです。留学の意思と日程が固まっているのであれば早めに動き出すことに越したことはありません。第一その方が渡航前の英語にも身が入ります。

留学に役立つ情報源は？

自分なりに情報収集をすることは素晴らしいことですが、その情報の質と取り扱い方には気をつける必要があります。

とくに今は、ネットでまず検索、"グーグル先生"に聞いてみるというのが最初のステップだったりしますが、その情報の信ぴょう性には疑問の残るものが数多く潜んでいます。とくに匿名での掲示板やブログの情報はライブ感があって良い反面、その内容の責任をあとで追求されることもありませんから、首を傾げたくなる情報が溢れています。

またネットで検索する場合、その更新時期によっては誤った情報であることも多々あります。ビザ関連は頻繁にルール変更が加えられたりするので要注意です。それが致命的なミスにつながることがあるので、大使館などで情報を確認する

ことが大事になってきます。

　でも困ったことに、その大使館系の情報はなぜかユーザーにいつも優しいわけではなく、読んでいくうちに色々なところへリンクで飛ばされて自分がどこにいるのか分からなくなったり、与えられる文字量が多過ぎて自分の欲しい情報が何なのか分からなくなったり、日本語対応が中途半端で意味不明になる、といったことがよく起こるのです。

　留学経験者である友達にじかに聞いてみるのは効果的な方法のひとつです。そこには（普通は）嘘偽りは無いでしょうし「臨場感」もホームページなどの情報とは違います。ただしここで気を付けないといけないことは、その体験談はあくまでその友人の個人的体験、個人の見解ですから、全面的に鵜呑みにしてしまうことはできません。その運と経験とスキルと語学力と性格を持ち合わせたその人だからそうなった（あるいは逆に「ならなかった」）こともあります。

　「インターンシップをやって本当に良かった」とか、その逆であったりというのが典型例ですし、ホームステイや学校選びのこともそうです。プライド的なことから（無意識に）自分の経験を美化してしまうことがあったり、プライバシーに関わることから本当に大事な部分が正確に伝えられなかったりして、聞く人が判断を誤ってしまうこともあります。そこには（悪意のない）落とし穴があることも理解しておく方がいいと思います。

　最後にプロである留学エージェントからの情報はどうでしょう？　過去に行った複数の学生や参加者の例、たくさん

の学校やプログラムの知識も豊富です。第三者的に一歩引いたところからその人にフィットしそうな情報を提供してくれるのがメリットになります。とは言いつつも、それでもやはり留意すべきことはあります。その情報量やスキル、社会経験とカウンセリング経験には個人差が非常に大きく、極端な場合には海外にまともに滞在したこともなく、英語も理解しない人がカウンセリングを行っている場合も驚くほど多くあるのです。非常に残念なことですが、個人的あるいは組織的な都合から、本来は相談者がそうすべきではない方向に意図的にミスリードする不誠実な人や組織があるのも事実です。

　厄介なのは見栄えの良いオフィスと規模があってそれらしい実績や説明もあって担当者が誠実そのものであっても、組織自体が不誠実なこともあります。次節で、そうした「留学エージェントの真実」を説明しましょう。

留学エージェントの価値とは？

　留学業界関係者の間で世界的に広く読まれている雑誌『STM (Study Travel Magazine)』でも、たびたびトピックとして話題になるのが「留学エージェント」という存在です。エージェント（agent）は代理人、代理業者、仲介業者のこと。法人格で活動する場合は、エージェンシー（agency）

と呼ぶこともありますが、多くは個人・法人をひっくるめてエージェントと呼びます。

　そもそも留学エージェントとは何なのでしょう？　簡単にいうと留学や海外生活をしようとする個人や企業に対してお手伝いをする人たちのこと。顧客の話を聞いて、ニーズを確認して世界中にある教育サービス提供者（一般的には学校）を結びつけ、そこに行くためのさまざまな手続きを代行したり、留学中の色々な支援をサービスとして提供する組織または個人です。留学コンサルタントとも称します。

　その一番の仕事は、先に紹介した留学手続きの代行でしょう。留学をするときには、学生だった私が経験したように、すべて自分で手続きすることもできます。それが一番マイペースでできて、かつ安上がりです。でも、やはり私が経験したことですが、理由もわからずビザを却下されて、大変な目に遭うことがあるのも事実です。

　私が、学生、「ワーホリ」メーカー、エージェント、学校スタッフ、そして保護者という色々な立場を経験した上で思うのは、多くの場合留学時にはエージェントを通す方がメリットは大きいということです。これは、決して自分のビジネスの宣伝でいうのではありません。

　たとえば語学留学で、自分でやれば100万円、エージェントを使いその手数料を上乗せして105万円の費用がかかったとしましょう。その5万円の違いで、私のようにビザ

を却下されるなどのリスクをはじめ、最適といえない学校やプログラムを選択するリスク、学校やホームステイ先でのトラブル……などが大幅に回避できるからです。

　異国に着くまでの不安と緊張、着いてからもどうして良いかの戸惑い、想定外の事件などなど……こうした際でも、最終的な"拠りどころ"があるのは大きなことです。もちろんそういったことに自分の力で対処することで得られることも多いのは確かです。私も、まずはそれを自分で可能な限りやってみるように促しますが、やはりどうしても本人の力ではできないこともあります。

　そのさまざまな問題のリスク・ヘッジあるいはセーフティ・ネットとして、数％の追加費用が、高いものでしょうか？保護者の目線からみたときには、この価値をより理解していただけると感じます。若い学生の、人としての経験や成熟度を考えたときに、より対処が難しく、対処を誤るとより深刻なことになりがちな高校・大学留学の場合はなおさらです。

留学エージェントの適正な手数料

　手数料に関しては人によって考え方が大きくわかれるところです。「安い方が良いに決まっている」、「でも安かろ

う、悪かろうでは困る」というのが、一番一般的な考え方ではないでしょうか？　では適正費用はいくらなのか？

たとえば一番単純な語学留学であれば、手数料無料をうたっているところもある反面、旅行会社系や大手留学エージェントを中心として10万円前後またはそれ以上をチャージするところもあります（航空券と一緒にパッケージ化されているとわかりにくいですが）。進学留学の手続きさえも無料で行うエージェンシーが一部にありますが、結果的に自分がやらなければならない作業量も多くなり、リスクも増えると思います。

私が最初に勤めていた当時最大手のひとつだったエージェントは、語学留学でも平均20～30万円ほど手数料をチャージしていた記憶があります。エージェント業務はそれなりに手間とリスクがありますし、とくに大手は膨大な広告費と留学フェアなどのイベント費用、人件費そして大きなオフィス運営費をまかなう必要があるので、ある程度は理解できたのですが、それでも正直渡航者目線の費用対効果で考えると、少なからず不満、疑問は感じていました。

その経験を活かして、数人で起業した留学エージェントでは手数料を無料にし、紹介料を学校からもらうことにしたのですが、今度は、紹介料システムがない学校も少なくないという現実の壁に直面。そういう学校は、こちらの利益が出な

いから紹介できないというジレンマがありました。でも、もしそこがその人にとって最適な学校だったとしたら……その人のキャリアとか、もっと大げさにいうと、人生に関わってくることですから、やっぱりそこをすすめない訳にはいきません。

　これらの経験もあって、現在運営しているエージェントでは、その中間策をとることにしたのです。たとえば一般の語学留学は3万円程度の手数料にさせていただいているのですが、それでも考え方に個人差があるので、高いと感じる人もいれば（実際過去に地方の保護者の方からコメントをいただきました）、安過ぎて何か裏があるのだろうという懸念もあるようです。こちらからすると「どうすれば良いの？」というところですが、重要なのは費用で単純にひとくくりにせず、双方がしっかり話した上で、その内容と支払う対価に納得していただくことだと思います。これは他のどのサービスでも同じです。

「語学検定」はどれを受けるべきか？

　学校に入るにしても仕事を始めるにしても、その時点での語学力を測定することは言うまでもなく非常に大事なことです。地図にたとえると、目的地がいくら正確にわかっていて

も、現在地がわからなければその方角や距離がつかめず、その地図自体がまったく意味をなさないことになります。健康管理のために、ときどき血圧や体重を測るのと同じことです。

　ということで語学力を測る「語学検定」「語学力テスト」を受けておくことは重要です。以下、各種ある「語学検定」それぞれの特徴をあげてみます。

英検

　日本で最もメジャーな英語のテストと言えばまず「英検」でしょうか。Wikipediaによれば、「実用英語技能検定は、公益財団法人日本英語検定協会が実施する英語技能の検定である。一般に英語検定または英検と呼ばれる」とあります。ちなみに、この組織は半世紀前の東京五輪を前に生まれた英会話ブームに対応してつくられたものだそうです。

　高校生のときには、もうそれしか世の中にはないくらいの感じで、ほぼ全員が自動的に受験することになっていた気がします。日本で二級とか三級とかいうと、だいたいそのレベル感は伝わりますが、留学の世界では非常にマイナーなテストで、海外の大学というよりコミュニティ・カレッジの一部で認めているところもあります。面接では綺麗な「日本語英語」を話すおじさんと話すので、何かと違和感がないでもありません。

http://www.eiken.or.jp/eiken/

TOEIC

　TOEIC（トーイック）は「英検」と並んでこれまで日本のデファクトスタンダードとして、とくに仕事をする上では最重要なテストでした。英語ができるとなるとたいてい「TOEICのスコアは？」というフレーズが出てきます。実際「英検」のように大ざっぱなくくりでわけられていないので、もう少し細かいレベルで「知識」は探られるのですが、実際に英語が話せるかどうかは別問題という不思議な英語テストです。SW（Speaking／Writing）のオプションで「話す力」と「書く力」はわかるとされていますが、全体の数％しか受験者がいない（多くがListening、ReadingのTOEICテストかTOEIC Bridgeテスト受験）で、海外の教育機関でも受け入れ基準として採用しているところはごく少数です。イギリスではこのテストの不正が問題になりビザ関連では使えなくなってしまいました。

http://www.toeic.or.jp/

TOEFL

　TOEFL（トーフル）は海外、特に北米の大学を受験する場合にはデファクトスタンダードとなっているものです。TOEICと同じ会社が作成し運営しているのですが、よりアカデミックな内容で、スピーキングやライティングスキルも測れます。一回あたり25,000円前後という高額な受験料がネックとなっています。

http://www.ets.org/jp/toefl

> **※注意:英国の受け入れ状況**
> TOEIC、TOEFL については、2014年4月から、この成績を英国留学のビザ申請に使えないとの報道が出ています。これは BBC の報道で「不正受験」が明らかになったことによる措置ですが、英国政府は、「これまでにビザを取得した人に影響はない。2014年4月17日以降の受験結果は使えない」としています。オックスフォード大学は「年内いっぱいは使える」、ケンブリッジ大大学院は「今後は受け付けない」としており、個々の受け入れ状況については調べておく必要があります。

IELTS

IELTS(アイエルツ)も「英検」の日本英語検定協会が主催するものですが、こちらは海外留学、海外移住者向けテストです。TOEFL と並んで大学、とくにイギリスやオーストラリアなどへ進学する場合には最も多く採用されているテストのひとつです。マイクに向かって音声を吹き込む形式の TOEFL と違い、IELTS のスピーキングでは試験官と話をしますので緊張は多少やわらぐかもしれません。受験料は TOEFL 同様に高額で25,000円以上します。

http://www.eiken.or.jp/ielts/

iTEP

iTEP(アイテップ)こと International Test of English Proficiency は、米国 Boston Educational Services 社 が開発した、インターネットベースの英語コミュニケーション能力検定です。日本では2014年にスタートしたばかりなのでなじ

みは薄いですが、高校留学では iTEP の SLATE が標準的なものとなっており、多くのアメリカのボーディング・スクール（寄宿制学校）などが指定しています。比較的新しいテストであるため大学での採用実績はまだ TOEFL などに比べ少ないものの、半額以下の受験料と一週間での公式スコア取得などの利便性では抜きん出ています。

http://www.itepexamjapan.com/

留学に「保険」はなぜ必要か？

　留学においては、どの学校でも「留学生保険」への加入を義務づけています。保険といってもその保障内容はまちまちであることから、海外の大学などでは独自の保険を持ち、その保険への加入を義務づけることがありますし、同等レベルの保障内容であれば汎用の保険でも OK というところもあります。

　語学学校などは通常指定はありませんが、この場合も保険への加入は義務づけていて、初日にパスポートなどと一緒に提出させ、その証明がなかったり保障内容がプアであったりすると、学校が用意した保険に加入させることがあります。

　よく「クレジットカードの保険はどうですか？」と聞かれますが、これは期間が短く、保障額が総じて小さいこと、カ

バーエリアが狭いこと、また場合によってはそのカードで支払いをしないと保障しないなどの制約がありますので避けた方が無難です。

　保険料は通常1カ月あたり15,000円程度はしますし、掛け捨てなので、何事もないと無駄になる気がするのですが、もしも何かあったときに入っていないと、目も当てられない状況になるので必要経費と思ってしっかり入られることをおすすめします。

COLUMN

費用を最小限に抑える
オススメの英語勉強法

■ ボキャブラリーの増やし方

　おすすめの勉強方法は年代によっても違いますが、原則としては単語だけで暗記しないことです。単語帳なんかを作ると案外すぐ覚えられて、一見効率的に見えるのですが、多くの方がすでに自分で実証ずみなように、これは試験前の一夜漬けと一緒すぐに忘れてしまうのです。

　そして実際の使い方がわからないから、結局実践では使えない。現地にいったらもう実践ですから、そこで結局使えないと単語を知らない以上に自己嫌悪に陥ります。ではどうしたらいいかというと、多読です。極端な話、最初は絵本レベルの簡単なものからで良いので文章として読んで、そこで分からない単語を電子辞書で調べること。地味な作業ですが、調べること自体簡単な作業ですし、慣れて"クセ"にすればサッとできるようになります。こうやって出会った単語はすぐ使い方と一緒に頭に入るし、1回で覚えられなかったとしても単語帳より繰り返す回数は少なくてすむのです。

　単語帳だと「こんなのやったっけ？」となっても、文章だと「あ〜これやった、なんだっけ？」となるからです。そして文章でよく使う単語は、結果的に重要度の高い順に覚えられるのです。使うにしても文章の流れで目にしているので、自然に使い方が頭の中に入ってきます。そして文章として多くを読んでいると、頭の中で日本語の順番に直す必要がなくなり、

理解も早くなります。これはもう慣れ以外にないので、自分の興味のある分野、たとえばファッションが好きなら英語版の『VOGUE』『ELLE』を読むとか、野球やスポーツが好きなら『Sports Illustrated』を読み込むといった形で量をこなしていくのが王道です。

　最初はあまりにも知っている単語量が少なくて辞書を引くのがいやになってしまうでしょうから、レベルに合わせてごく簡単な単語だけで書かれている本（たとえばIBCパブリッシングの「ラダーシリーズ」（使用する単語レベル別に限定して、やさしい英語で書き改められた、多読・速読に最適な英文リーダー）の中から興味のあるものを数冊選んで始めるというのも良い方法だと思います）。

■ 音楽を利用する

　これは私が高校生のときにやった方法ですが、音楽が好きな方であれば、自分の好きな海外アーティストの曲を丸々覚えてカラオケで完全に歌えるようにするというのは案外多くのメリットがあります。まず意味も分からず丸暗記するのは大変ですから、必然的にその歌詞を構成する単語を調べようとします。文法に関しても同様で、これをすることで学校で教えてもらったことが必ずしも正解でないことがわかります。私の場合、「動詞が最初に来たらそれは命令文だ」というのが、ネイティブのカジュアルな使い方では必ずしもそうではないことを学びました。あと学校では習わない、"ain't" (= is not, am not, are not) という便利でカジュアルな表現も歌詞から学びました。こういう発見をするとうれしくなって、英語が"勉強"から"趣味"に近づくのです。「ジェーンがペンを何本持っている」とか味気ないトピックの英語勉強なんて四六時

中やっていられませんが、趣味の域になってくると「やるな」と言われてもやってしまうので、いかに英語を趣味にしていくかが一番のポイントだと思います。そのうえ、音楽を使った場合は発音も自然と身についてくるので、これはスピーキングに役立ちます。発音ばっかり気にして話せないのでは本末転倒ですが、どうせ話すなら発音が良いと言われた方がモチベーションも上がるし、実際にネイティブからの評価や対応も発音一つで違ってきます（本気モードで話してくれます）。

■ ネットをフル活用する

よく「何か良いプログラムありませんか」とか「英会話をいっぱいやった方がいいですよね」とか聞かれるのですが、予算がいくらでもあるのであれば別ですが、ネットの中には、無料または非常に低いコストで使えるツールがたくさんあるので、まずは色々工夫してやってみてはどうかと思います。

リスニングやリーディングに関しては、ニュースの英BBCとか米CNNのサイトをチェックするだけでもかなり使えますし、YouTubeにも一生かかっても観られないほどの量の動画があります。前述のニュースサイト以外にも、たとえばスティーブ・ジョブズのスタンフォード大学での伝説のスピーチを繰り返し聞くのでも良いし、これからビジネススクールやビジネス系の資格、大学を目指そうとする方であれば、『フィナンシャル・タイムズ』も『ハーバード・ビジネス・レビュー』も多くの情報を提供しています。

iPadやiPhoneを使っている方であればiTunesストアで"marketing"と検索してみると、文字通り数え切れないほどの無料の教材や大学講義が出てきます。少し突き放した言い方になってしまいますが、結局お金を出してプログラムや教

材を買っても、やらない人はやらないし、やる人はこういう無料のものをうまく使ってやるのだと思います。

　ITではソーシャルメディアも役立つと思います。すでに書きましたが、英語は勉強と思ってやるとたいがい挫折しますが、趣味や楽しみにすればずっと遊んでいられます。たとえばツイッターで海外のセレブをフォローしつつ何かレスしてみるとかいうのも面白いと思います。あまり期待はし過ぎない方が良いと思いますが、もし向こうからレスがあれば、かなりアドレナリンが出ると思いますし、少なくとも読んでもらえる可能性があると思うだけで英語を書くモチベーションになります。相手は別にセレブリティだけである必要はなく、面白いと思うツイートをしていたり、共通の趣味などを持っていそうな海外の一般人にも気軽にレスをすれば、結構返してくれるでしょう。基本的なコミュニケーションとして、日本だと知らない人からのレスに（とくにリアルの世界では）「誰これ？」と感じてしまいますが、海外では割と普通に返してくれますし、自分もオープンになれる傾向があります。自分がいく学校が決まっていれば、その学校の公式Facebookページで将来のクラスメイトや卒業生と交流することもできます。ただし、ソーシャルメディアを使う際には、設定をしっかり確認して自分のプライバシーを守ってからやってください。

■ お金を貯めながら勉強

　これは立場上できる方とそうでない方がいると思いますが、大学生やフリーターの方、また副業が許されていて就業時間が安定している方であれば、英語での接客ができる職場で働くというのがオススメです。

　わたし自身は「ハードロックカフェ」でアルバイトをして

いたのですが、かなり外国人のお客さんが多く、知っている知識を実践で使う場としては最高でした。その部分だけ切り取ってみれば、結局海外で仕事をしているのとなんら変わりませんから、それを日本で先に体験できるという意味でもオススメです。「(お肉の)焼き加減は？」を "How would you like it?" と聞く発想は、学校の英語ではまず出てきませんがレストランに行ったらかなり頻繁に使います。そして言うまでもなく、その「勉強」をしている間にもお金が貯まってきますので、この上ない一石二鳥です。

■「いい人」になってみる

どちらかというと、これは男性向けの「勉強」方法ですが、新宿や渋谷などで地図を片手に立ち止まっている外国人観光客を見つけて、積極的に声をかけてあげるというのもオススメです。それがどこの国から来た人であっても英語が基本ですし、色々な国のアクセントに出会えるのは、これも学校の授業では学べない、でも実践では極めて普通のことです。

フランス人と中国人の英語がどれだけ聞き取りにくいかを体験してみてください。でも大事なクライアントだったり上司だったりすると「あなたの英語、わかりません」ではすまないのです。とにかく同じ勉強するにしても一人でアルファベットと格闘するより、こうやって人とコミュニケーションできることでモチベーションも持久力も全然違います。笑顔が返ってくるし、感謝されるし、圧倒的に楽しいものです。それで、話したいから単語を調べる、というのが本来の順序なのです。これで英語が嫌いになる訳がありません。実践できる方はぜひやってみてください

あとがき

■ **語学の習得は「副作用」**

　私は留学における語学の習得を「副作用」と呼びます。もちろんネイティブ言語の日本語に加えて、英語なら英語が使えるようになるということは重要なことであり、多くの人にとってこれから仕事をする上でも非常に大きな武器になることは間違いないでしょう。マーケティングでターゲットとする市場の総人口が1億人ちょっとから、海外進出をすれば数倍にも数十倍にもなり得る訳ですし、就職する場合にも日本企業にその能力をアピールできることはもちろんのこと、日本市場を狙う外資にも、海外市場でシェアをもつ外資に就職する場合にも、ビジネスレベル以上の英語力はそのスタートラインへのチケットになり得る訳です。でも、それはやっぱり副作用なのです。

　たとえばニューヨークに暮らして勉強や仕事をすることによって得られる重要なものとして、ネットワークが挙げられます。世界中から人が集まってくるということは、世界中にネットワークを作るチャンスがあるということです。大学生

活の4年間をそこで過ごせば、クラスメイトはもちろんのことクラブ活動やボランティア、趣味からご近所付き合いまで、さまざまな社会活動でネットワークができます。それは日本でも当てはまるのですが、経験上、海外の大都市ではそこで出会う人がグローバルで、英語での会話は日本語と比べ初対面での壁を低くしてくれますから、距離も急速に縮まります。ましてやそこからグローバル企業に就職して5〜6年も働くと、その間に同僚や取引先で多くが転職で入ってきては出ていきます。その間にかなり大きなグローバルネットワークができてきますし、多くが同じ業界にいるので言葉を超えた強い武器になります。

　単純なネットワークだけでなく、そういう多国籍の環境で生活していると日本にいるときのような単一民族の排他的な環境で多数派でいるときとは考え方も変わってきます。多くの少数派がそこには存在し、それぞれが違うことが当たり前であり、また自分自身も少数民族の一部になるわけですから、ヘイトスピーチなど感覚的に容認も理解もできないようになるでしょう。

　それ以外にも、社会生活を送る上で全くそれまで経験したこともないカルチャーを経験することで視野が一気に広がります。日本で考えてきた価値観とは全く違ったものを体験することになります。日本のことについても良い部分・悪い部分両方が外国人目線で見えてきますし、それに伴って

「なんでいままでこんなやり方をしてきたんだろう？」と当たり前のことが当たり前でなくなってきます。こういったことが違った発想＝プロダクトを生み出すきっかけになったりします。

　またある人にとっては、初めて一人暮らしをしたり親元を離れたりして自立するきっかけになるでしょうし、それが言葉の通じない外国であればなおさらです。自分自身の経験でいうと、それまでしっくりいっていなかった家族との関係も一度リセットでき、同時に親のありがたみを肌で感じ、柄にもなくバースデーカードを家族全員に書いたことを覚えています。そんな経験をした後では帰国後の家族との関係も一気に修復され、それから20年も経ったいまでもその感覚は覚えていますし、良い関係を保てています。これは仕事にも当てはまることで、一度リセットして立ち止まったときにはそれまで見えなかったものが見えてくるもので、不思議とそれまでもがいて前に進めなかったのが、エキスパートに泳ぎ方を教わった後のように、以前ほど力を入れなくともスーッと前進しているようにも感じました。

　こういったことは感じ方に個人差もありますし、そこでどんな人に出会うかという縁、そして運にも大きく依存することなので、留学に行った人の中でも大きく共感できる方とピンとこない方がいらっしゃると思います。いずれにせよ大きな転機になることは間違いないでしょうし、それまでとは全

く違った生活になることも間違いないでしょう。日本にいても変わらないのは、それなりに準備をして、そういったチャンスをその後のキャリアに活かせる人は活かせるし、そうでない人はどこに行ってもそうでないということだと思います。それは語学力がつく・つかない以上に個人差が出るところですから、しっかりその「副作用」である語学力以外の大事なものも一緒に意識して、どん欲に手に入れて欲しいと思います。

巻末資料1
おすすめ留学先「学校情報」

■ 学校紹介 ①　ILSC

迷ってしまうほど豊富な選択肢は数百通り!?

　もともとは、バンクーバー、トロントでの展開でしたがオーストラリア、アメリカ、インドでも展開するチェーンスクール。本部のあるバンクーバー校は世界でも最も学生数が多い学校のひとつで、ピーク時には2,000人を超える。11段階に分けられたレベル毎に午前、午後の授業とも選択でき、その選択肢も他を圧倒する数であり、午前×午後の組み合わせでは数百通りという中から自分に合ったコースを取れるのが最も大きな特徴で、初心者から上級者まで対応している。

　各センターには日本人カウンセラーも常駐しており、日本人目線で安心してサービスを受けられる。また厳格なイングリッシュ・オンリー・ポリシーも採用しており、これに従わない場合は退学処分になることも。また進学でもマスタリー・プログラムがあり、あらかじめテストをした上で設定したTOEFLのスコアを達成することを保証しているので、週数が計算できる。

> **ホームページ**　http://www.ilsc.com/

■ 学校紹介 ②　Embassy English

世界で最も有名な語学学校の一つ。
卒業生の92％以上が「友達に薦める」

　エンバシーは世界で最も大きな教育機関の一つ、スタディグループが運営する語学学校チェーン。イギリス、アメリカ、オーストラリア、ニュージーランドに学校を持ち、フラッグシップセンターのニューヨークでは1000人以上の規模になることも。一般英語はもちろん、ビジネス英語、インターンシップ、各種テスト対策も充実し、提携大学へは公式テストスコアなしで入学することも可能。また全てのクラスには電子黒板が配備されており、学生がインタラクティブに飽きることなく授業し、効率を上げられるよう工夫。毎年行われる投票により、過去に何度も語学学校チェーンスクール部門で『STM』アワードを受賞している。また卒業生の92％以上が友達にエンバシーを薦める。

日本語ホームページ　http://www.embassyenglish.com/ja-jp/

■ 学校紹介 ③　College of the Rockies（カナダ）

カナダで最もコスパの高いカレッジの一つ。
語学学校としても受け入れ

　学生の満足度ランキングで世界2位、カナダでは1位を誇る。大自然の中のモダンな建物が目を引き併設された寮も含め費用はリーズナブル。半年以上のサーティフィケートプロ

グラムで就労許可証申請が可能になり、2年間のディプロマプログラム終了後にはカナダ国内全土で有効な3年間の就労許可証申請資格が得られる。サーティフィケート終了後にディプロマへ、ディプロマ終了後に学士号へと次のレベルへのアップグレードも効率的にすることが可能。また州内外の四年制大学へと編入することも可能で、特にヴィクトリア大学やUBCに代表される州内の大学へは、同じカリキュラムで進めていることから編入しやすいシステムにもなっている。各プログラム開始にはiBTで80以上が必要になるが、それに満たない場合は語学プログラムも用意されている。なお学生は市バスも無料で利用できる。

■ 学校紹介④　Richmond University—The American Internation University in London

アメリカとイギリスの学位がとれる

　イギリスに位置しながらアメリカの大学でもあり、卒業後にはアメリカの学位BA/BSとともにイギリスの学位BA/BScも得ることができる。キャンパスは二つあり、1年次、2年次はロンドン郊外の富裕層エリア、リッチモンドヒルキャンパスで学習し、3年次および4年次はロンドン市内で最もスタイリッシュなエリアの一つとされるケンジントンキャンパスへと移動する。日本の大学に在籍中で評定平均等の規定をクリアすれば1年間イヤーアブロードという形で授業に出席し実際に単位を取得することも可能。またMBAを

含むマスターの学位も1年間で取得することが可能。更に重要なことは、クラスあたりの平均学生数が非常に小さく、大学では18人、大学院では13人であり必然的に教授との接点も多くなるので、特に言葉等の面で問題に直面しやすい留学生にとってこれは非常に大きな利点である。この大学が典型的なイギリスの大学と違うのは、入学後すぐに専攻を固める必要がなく、広い範囲の中から単位を履修し自分の専攻を熟慮することができる。また国籍割合も大きな特徴を持ち、イギリス人学生は全体の10％に満たず、最多の45％がアメリカを中心とした北米・カリブからの学生で、次いでイギリスを除いたヨーロッパが30％、残りを中東、アフリカ、アジア、南米が少数ずつ分け合い学生の出身国は合計約100カ国、キャンパスが世界の縮図となっている。イギリスにあるアメリカの大学ということもあってかタイムズ等のグローバルランキングには出ないが、Peterson's の大学進学ガイドにて公開されている SAT、ACT スコアを根拠にカリフォルニア大学サンタクルーズ校（世界109位）またはリバーサイド校（同150位）などと同等レベルとみることができる。

ホームページ　http://www.richmond.ac.uk/

■ 学校紹介 5　The Ambrose School

ハイレベルな授業と比較的リーズナブルな授業料

学校全体にハリーポッターのような名門スクールの雰囲気が漂い極めてアカデミック。実際 SAT スコアが約2000と高

い学校。読書量が非常に多く、少なくとも週に2〜3冊ずつは読み、長期休暇にも10冊以上は読むことになっているので、そもそも読書の苦手な学生には全く向かない。一年生からラテン語やギリシャ語まで学習する。シニアイヤーでは卒業論文もあり、トピックは Theoretical または Political で、何度も赤を入れられ書き直す。このお陰でたいていの学生は大学に入ってから1〜2年のレポートが「楽に思える」とのこと。このタフな環境に食らいついていける日本での成績とモチベーション、自信があればオススメ。日本のように情報を詰め込まれるのではなくクリティカルシンキングといったような考え方を徹底的に教え込まれる。学生はブレザーの制服を着用しておりファミリーも含めて皆一様に上品。中国から来た3年目の留学生と話したがソフトでありながら自信に満ちあふれており、ジョークでの切り返しもできて英語も気になるアクセントはない。天狗になっているわけでもなく、親目線で「留学後はこうなって欲しい」というモデルになれるような振る舞いであった。

ホームページ　http://theambroseschool.org/

■ 学校紹介⑥　IMG Academy

錦織圭を輩出したテニスの超名門高校。短期滞在も可能

　スポーツに非常に力を入れており、世界85カ国からアスリートが集まる。その結果留学生割合は60％に及ぶ。テニスでは錦織圭選手以外にマリア・シャラポワ、アンドレ・ア

ガシほか多くの一流プレーヤーがここで学び、世界一にランキングされた選手は10名を数えるというエリート校。テニス以外にも野球、ゴルフ、アメリカンフットボール、バスケットボール、陸上競技、サッカー、ラクロスとそれぞれの競技での有名選手を多く輩出。プロに転向しない卒業生のほとんどは大学へ進学を果たし、カーネギーメロン、スタンフォード、オックスフォード、ハーバードなど一流校にも多く入学してスポーツを続ける。60％がディビジョンⅠのチームに所属する。またスポーツだけでなく人格形成にも力を入れており、チームワーク、リーダーシップ面でも優れたバランスのとれた人間を目指す。ジュニア、社会人向けに短期キャンプをテニス、ゴルフを始めとした各スポーツで行っており、こちらは1週間から比較的気軽に参加することができる。英語コースも併設しており、親子留学としての組み合わせも可能。

ホームページ http://ja.imgacademy.com/

■ 学校紹介7 Vancouver International College

毎年入学待ちになる、バンクーバーきっての人気語学学校

　VICの最大の特徴はスピーキングプログラムで、その中でも人気の発音矯正はカナダ最大規模。1人1人細かくチェックし、効率的に英語力を伸ばす事ができる。その為、1クラスの人数は少人数制で、平均でも9名とそのレッスンの徹底振りは現地でも評判。バンクーバーの特性に加えて日本

人向けの内容であるため日本人が少ないとは言えないが、English Only も厳しく、英語環境もしっかり管理。教師の質にもこだわり、楽しく充実した授業ができるよう指導されている。またアクティビティは毎日参加できるよう企画しており（自由参加）、放課後でも楽しく過ごせるよう工夫がなされている。日本人スタッフもいるため、生活や勉強など幅広い相談に対応。特に初心者向き。

ホームページ　　http://www.vicenglish.com/ja/

■ 学校紹介⑧　The College of Richard Collyer

創立500年近いイギリスの公立高校

　イギリスおよび海外の多くの大学への入学資格となるAレベルに特化した教育を提供。16〜19才からなる学生数は1500で留学生はごくわずか。州立校であるため、一般的なボーディングスクールと比較して年間授業料が約140万円程度と非常に低いのが魅力の一つ。大学進学実績も素晴らしく、2013年度は11人もの学生がオックスフォード大学、ケンブリッジ大学に進学し70人以上の学生が全英トップ10の大学に進学している。過去5年間では留学生の半数以上がA以上の評価を受け、8割以上がBまたはそれを上回る成績を達成しケンブリッジ大学、UCL、LSE、インペリアルカレッジ等名門校にも多く進学している。施設に関しても、芝生のサッカー、ラグビー場に加えてテニスコート、バレーボールやバスケットボール、バドミントン用の室内競技場、フィッ

トネス施設を完備。また最新のラボやシアター、音楽スタジオ、メディアスタジオも提供されている。

　この学校は設立から約500年の歴史を誇る伝統的な英国の学校であるため留学生は英国文化に浸り、温かく理解のあるホストファミリーと生活を共にする。語学サポートも追加費用なしで受けることができるためより早くコミュニティに溶け込むことができる。学校の総合的なクオリティについては、OFSTEDによる品質評価で最高位Outstandingの評価を得ている。

ホームページ　http://www.collyers.ac.uk/

■ 学校紹介⑨　St Clare's, Oxford

イギリスで最も長く国際バカロレア教育を行う教育機関

　15～19歳の250人が通う少人数制の教育機関。必修科目の数学はもちろんのこと、科目の一つとして日本語が用意されている。それを文学コースとして取り、第二言語として英語を取ることができる。その他人文学は地理や心理学、政治、経済などから選択し、科学では生物、化学、物理の他に天文学や環境システムから選択することもできる。そして芸術ではビジュアルアーツ、音楽、シアターから選択する。2年間のIBコースに先立って1年間のIB準備コースがありこれにより留学生にも無理なく学習できる環境を用意する。結果的に過半数の生徒が45点満点の34点以上を獲得しディプロマ合格は毎年99％（24点が合格ライン、2011年は100％

合格達成）、世界平均の合格率70％台と比較して突出していることがわかる。ちなみに平均は36点と世界平均より2割以上高いスコアを毎年安定してマークしている。大学も必然的にケンブリッジ大学、オックスフォード大学を含む英国のトップ10に多くが進学。それ以外にアメリカでもペンシルバニア、カーネギーメロン、ブラウン、NYUを含むトップランク大学に多くが進学。年間授業料と滞在費で約500万円台後半と決して安くはないが費用なりの成果を出している。興味がある場合は7月下旬から8月上旬まで行われる15からのサマーコースに参加し国際バカロレアの初歩を体験することをお勧め。

ホームページ　http://www.stclares.ac.uk/

■ 学校紹介⑩　Fairmont Preparatory Academy

**卒業生の85％が全米トップ100大学に進学する
カリフォルニアの高校**

　設立は1953年で学生数は640、うち留学生は22％。2012年の実績では卒業生の全員が大学に進学し、留学生のうち85％が全米トップ100の大学に進学。通常の高校卒業プログラムに加え、国際バカロレア、アドバンストプレースメント、それに医学部、エンジニアリングなどに特化したプログラムも提供。また4カ月から1年間の体験プログラムも用意されている。留学生は集中英語コース語学力がつくまでの間語学サポートも受けられる。設備も素晴らしく、非常にケアの行き届いた学校の一つ。

> ホームページ　http://www.fairmontprepacademy.com/

■ 学校紹介⑪　St. Anthony's High School

ニューヨークの中心部マンハッタンから電車で1時間、ロングアイランドにある1933年設立の学校

　学生数は2550人とかなり大規模でその8%が海外からの留学生。2013年卒業生は100%が大学進学を果たし、留学生の約70%がアメリカの上位100大学に進学するという実績を誇る。17のAPコースの他にロングアイランド大学の18のコースも履修可能。学業以外の活動も盛んでサッカーでは全米屈指の強豪校でありスポーツプログラム全体でもニューヨーク州でトップクラス。クラブ組織数は65にものぼりコーラスに至っては520人という大所帯で全米ナンバーワンの数字になる。サポート体制の信頼度は高く、入学時に語学力が足りない場合でも三段階の語学サポートがあり、学業面やホームステイで問題が生じた際にも常駐の専任カウンセラーが親身に対応する。

> ホームページ　http://www.stanthonyshs.org/

■ 学校紹介⑫　St. John's High School

高校卒業資格以外に11のAPコース及び
St. John's Universityから7つのコースが提供される

　1966年設立のニューヨーク州ロングアイランドに位置する。学生に対しての教師の割合は16：1と高く、学生数1720人という大規模校でありながら学生のケアを考えた体制となっている。留学生には常駐のカウンセラーがおり、学業やホームステイを含めた生活面でも気軽に相談することができる。英語レベルが足りていない状態でも入学することができ、この場合レベルに応じた割合で高校の授業と並行して英語サポートを受けることになる。

> ホームページ　http://www.stjohnshigh.org/

■ 学校紹介⑬　Abbotsford School District

バンクーバー郊外の公立高校。国際バカロレア、
野球留学可能

　7つの公立高校と7つの公立中学、31の小学校から構成される。生徒数合計1万9000人のうち留学生は350人（2%未満）。PISAの数学において日本を含むOECD各国平均点を大幅に凌ぐスコアを出すブリティッシュコロンビア州においても州平均スコアを大きく上回り、ひときわ優秀な成績を誇る。スポーツアカデミーではサッカー、野球の専門プログラムがあり、アートスクールにおいては演劇やダンスなどの

パフォーミングアーツ、またビジュアルアーツのカリキュラムが用意されている。また大学の単位を取得できるアドバンストプレースメント、国際バカロレアプログラムも用意されており、多岐にわたるアドバンテージがある。なかでもWJ Mouat校はカナダ国内でトップ10に入るほど。留学生には英語コースも用意されており、インターナショナルアシスタントという専門人材も配置して生活面を含めた適応をサポートする体制を用意している。

ホームページ http://www.sd34.bc.ca/

■ **学校紹介⑭ Dwight School Canada**

140年の歴史ある学校で、イェール大学の学長が建学に関連

ビクトリア郊外に位置する私立ボーディングスクールで学生数は200人程度と小規模（うち留学生割合は40％で日本人は5人）。140年の歴史ある学校で名門イェール大学の学長が建学に関連し校章もイェール大学と同じものをすることが許されている。IB（国際バカロレア）だけでなくカナダ、アメリカの高校卒業資格と合計3つを同時に取得することができ、卒業生はニューヨーク大学、UBC、トロント大学等多くがエリート校へ進学。条件を充してIBコースから進学するとカナダの名門ビクトリア大学では最大1年分の単位が付与され2年生から始めることもできる。クラスは12～15名の少人数で個人授業も提供。ビクトリア郊外の湖畔の安全な立地で寮には校長を含め9名の職員が常駐し24時間モニ

タリングの体制がとられている。夕食後には学習の時間が設けられており、語学力が足りない場合はそこでも補習ができるため安心。入学時期は基本8月末だがフレキシブルで4月入学も可能。

ホームページ https://dwightcanada.org/

■ 学校紹介⑮　Bellerbys College

全員が留学生にもかかわらず全英でトップ30に入る成績

オックスフォード、ケンブリッジ、ロンドン、ブライトンに位置する高等教育機関であり留学生を対象としてイギリスの高校プログラムにあたるGCSE, A-Levelのほかファウンデーション、ディプロマプログラムやPre-MBA等を提供（13歳から受け入れ）。各キャンパスは最新の設備を誇る。全員が留学生にもかかわらず、平均スコアにおいて全英でトップ30に入る成績を収めた実績を持つ。Aレベル卒業生の半数がケンブリッジ大学、オックスフォード大学を含む全英トップ15位の大学に進学しており実績としてはこの上ない。授業料は決して安くはないがそれなりのクオリティはキープできている。特にビジネス系で展開されているディプロマは日本の高校卒業後最短3年間で大学卒業学位が取得できることから一見高く見える費用も実はコストパフォーマンスが良く、特にLancaster University、Aston University、Henley Business Schoolといったビジネスで非常に高く評価されている教育機関との提携によりオプションとして用意

されていることは大きな意味がある。Pre-MBA を含めた大学院準備プログラムにおいても卒業生の75％以上が上位50の大学に進学している。

ホームページ　http://www.bellerbys.com/

※ bellerbys.jp は一見公式ページにみえるがそれを装ったものなので情報の精度などに要注意

■ 学校紹介⑯　Kings Colleges

アメリカとイギリスにおいて語学学校および大学・大学院進学プログラムを展開する教育機関

多くのロケーションで色々なプログラムを展開しているが、まず語学学校の強みとしてはもちろん質を担保した上でのロサンゼルス・ハリウッドにある絶好のロケーション。公共交通機関の発展していないロサンゼルスにおいてはプログラムの質と同様これは非常に重要な要素。大学進学プログラムとしてはほかの教育機関と比較した場合、相対的にアメリカのものによりアドバンテージがあると感じられる。ある意味でコミュニティカレッジと似た戦略をとっており、ロサンゼルス、ボストン、ニューヨークのそれぞれの拠点においてプライベートカレッジを利用して1年間あるいは2年間の単位取得の後よりハイレベルで社会的評価の高い大学への編入を得意としている。このうち State University of New York, Albany／Geneseo への条件付き入学保証があること、そして4年間で Canisius と同時に Fashion Institute of Technology の学位もデュアルで取ることができることは興味深い。

ボストンでは高校卒業プログラムも用意されている。一方イギリスの強みは、もちろん卒業生の約60％がイギリス国内トップ20の大学に進学するAレベルやファウンデーションを含め100％が希望の進学先に入っていることも魅力ではあるが、より目を引くのはマスター準備プログラムであり、条件付き入学オファーを出せる提携大学に以下有名大学が含まれる：

　SOAS、Durham University、University of the Arts、University of Southampton、University of Aberdeen.

> ホームページ　http://www.kingseducation.com/

■ 学校紹介⑰　Taylors College

オーストラリアにあり1世紀近い歴史を持つ高等教育機関で留学生向けの大学進学準備プログラムを提供

　国内の名門大学でありタイムズ世界大学ランキング45位のAustralian National University、60位のUniversity of Sydney、157位のUniversity of Western Australiaとそれぞれ共同で正規ファウンデーションプログラムを運営し、そのほとんどの学生がそのままエスカレーター式に各大学への入学を果たす。University of Western Australiaとはビジネス系専攻に特化したディプロマプログラムも提供しており、日本の高校を卒業後3年間で大学卒業資格を得ることもでき、4年間のくくりでみた場合には非常に大きな費用面でのメリットが受けられる。英語コースも併設しており語学力が足りない

場合まずそこで集中して英語を学習する。

ホームページ http://www.taylorscollege.edu.au/

■ 学校紹介⑱　Martin College

短期ディプロマ取得。大学への近道としても利用価値大

　いわゆる専門学校で公立のTAFEと競合する立場であったが、最近大学としても認可されることとなった。留学生にとって最も現実的な使い方は、系列語学学校であるEmbassyで語学力を中上級まで引き上げた後で締めくくりとして4～5カ月でオーストラリア政府に認可されたディプロマを取得するというもの。公立学校であるTAFEの方が料金的なアドバンテージがあると思いきや必ずしもそうではなく、短期間に効率的に授業を取ることができるためこちらの選択肢の方が費用的そして時間的優位に立つことが多い。またこのディプロマや一つ格上のアドバンストディプロマなどを取得したあとに国内中堅大学への編入が可能になり、このルートであれば最短2年半ほどで大学卒業が果たせるため語学力に自信がない場合でも英語学習期間を含めて3年半～4年以内で大学卒業に至ることが現実的に可能。段階的に進められるのでリスクを軽減することができる。

ホームページ http://www.martin.edu.au/

学校紹介⑲　Foothill-De Anza Community Colleges

カリフォルニア大学編入実績 No.1のコミュニティカレッジ

　カリフォルニア大学への編入実績ナンバーワンを誇る。2011年／2012年実績ではバークレー校に119人、ロサンゼルス校に167人、デイビス校に344人と素晴らしい数字を残している。なかでもデイビス校やアーバイン校サンタバーバラ校はいずれも規定科目の評定平均3.2で編入が保証されている。そしてもちろんコミュニティカレッジの魅力として授業料が年間 $6,000と低く抑えられ、これはバークレー校の授業料比で約1/5。もちろん他にもさまざまな大学と編入協定を結んでおり、ここまでハイレベルな大学への編入を考えていない場合も、たとえばカリフォルニア州立大学等多くのオプションから選択することができる。日本の高校卒業後のこれらコミュニティカレッジ入学に際しては特に成績を求められることなく、TOEFLのほかにiTEPほかのテストスコアもフレキシブルに受け入れている。専攻できる分野も広く、アカウンティングやマーケティング等のビジネス系、IT系はもちろんのこと、建築から女性学やシアターテクノロジー、ナノサイエンスまで用意されている。

　ホームページ　http://www.fhda.edu/

■ 学校紹介⑳　SAE Institute

2年間で卒業可能なメディア系大学

　キャンパスはアメリカ、イギリス、オーストラリアといった英語圏を中心とした26カ国に合計50を数える。グローバルにマーケティングを行っていることから学生はインターナショナルな環境に身を置き世界のプロフェッショナルの中で切磋琢磨することになる。設備も最新のフィルム・オーディオ機材を取り揃えており、ソフトも業界標準のものを使用。これにより学生は実践的な授業から技術的な完成度を上げ、卒業後の現場でも躊躇することなく慣れた機材を取り扱って創作活動を行うことができる。　この学校の大きな特徴の一つとして、オーディオ製作、フィルム製作、アニメーション、ゲームデザイン・プログラミング、ウェブデベロップメントの各専攻において最短たった2年間で学士号取得が可能になる。従って日本の高校を卒業した時点で全く英語ができないとしても1年間しっかり英語に費やしてなおも通常のケースよりも1年間早く大卒資格が得られるという大きな時間的メリットを享受できる。そして同時にこれは4年間での収支を考え他の教育機関へ進学した場合と比較した時に（4年間の収支と考えると）きわめて大きなアドバンテージとなる。もう一つの特徴は、講師陣と卒業生の実績が際立っていること。音楽ではエルトン・ジョン、クリスティーナ・アギレラ、バックストリートボーイズ、ジョージ・クリントン、ベック、ビヨンセ、ビョーク、ジェームス・ブラウン、マラ

イア・キャリー、フィル・コリンズ、ガンズアンドローゼズといった大御所の作品やイベントに参加し、映画製作分野ではパイレーツオブカリビアン、トランスフォーマーズ、ハリーポッター、バットマン、チャーリーとチョコレート工場、ロードオブザリングといった数々の超大作に参加している。なおこの中には多くのグラミー賞、オスカー賞受賞者も存在する。今後グローバル化された業界で仕事をするうえでかなりの「お得感」を享受できる教育機関。

ホームページ　http://www.sae.edu/en-gb/home/

■ 学校紹介㉑　Hult International

アメリカを中心としたトップクラスのMBA

1964年設立、ちょうど50周年を迎えたビジネス系高等教育機関。もともとはアーサー・D・リトルとして知られ、ボストンでの教育を行っていたがその後ドバイ、サンフランシスコと展開し現在はロンドン、上海にもキャンパスを持つ。実践的なビジネス教育が強みであり、アメリカでは少ない単年でのMBA取得が可能。1998年にはForbesにトップ5 MBAプログラムとして紹介された。イギリスのThe Economistが発行するWhich MBA?では常に高い評価を受けており、世界で最も国際化されたビジネススクールであり、卒業後報酬の上昇率、ROIでは世界ナンバーワンという評価を得ている。総合評価としても世界31位（The Economist, 2012）、人気も高く学生数はビジネススクールとしては世界

一、2位のIE Business Schoolの1343名に大きく差をつけ2447名が学んでいる。参加者の年齢は24歳までが55%, 29歳までで87%を占める。大陸別ではヨーロッパが最も多く37%, 次いでアジアパシフィックの17%、そのあと北米の16%と続く。

ホームページ　http://www.hult.edu/

■ 学校紹介22　Linn-Benton Community College / The English Language & Culture Institutes

アメリカの田舎でコスパの高い英語教育

　アメリカの田舎でなるべく費用をかけずにコストパフォーマンスの高い英語ほかの教育を受けたいという場合はここもいい選択肢の一つ。オレゴン州の海岸沿いから約1時間のロケーションにありゆっくりした時間の中でじっくり勉強に集中できる。一般英語以外に進学のための英語、また日本在住歴が長くきわめて面倒見のいいアメリカ人講師による翻訳プログラムをAlbanyキャンパスにて一般英語のオプションとして取ることができる。Linn-Benton Community Collegeのキャンパスに位置していることから、キャンパスの雰囲気を堪能することもでき、またそのままそのコミュニティカレッジへの進学も容易にできる。その後Oregon State University、the University of OregonあるいはWestern Oregon Universityへの編入を含めた進学も可能。サマー、ウィンタープログラムがそれぞれ短期で提供されてい

るためまずはそちらに参加して「味見」をしてみるのもオススメ。アメリカ国内で使用される芝生やクリスマスツリーの多くがこの近隣エリアから出荷される、それに象徴されるようなのどかな風景が楽しめる。言うまでもなく都会派には全く向かない環境。

ホームページ http://elci.us/

■ 学校紹介㉓ University of Washington—Outreach/Jackson School of International Studies

1861年設立と西海岸で最も歴史ある公立の高等教育機関

タイムズ世界大学ランキングで26位と東京大学と同等の位置にあるワシントン大学の付属教育機関。シアトルの UW Jackson School of International Studies にてビジネス等で国際関係に従事した社会人向け、10ヵ月でマスターの学位（MA in Applied International Studies）が取得できるプログラムを提供するほか、夏休みには4週間の英語教師（＆学生）向け TEFL のサーティフィケートプログラムも提供。大学生向けにはワシントン大学の科目等履修生プログラムがあり社会人も対象とした約3ヵ月のマーケティング、プロジェクトマネージメントも受講するビジネス英語と通常の英語だけのコースも併設。初級者から受講できる一般英語プログラムも用意されており、これら幅広いものを組み合わせて休学等を利用した1年間のパッケージに組み立てることも可能。ただしそれぞれ開講時期が私立の語学学校のようにフレキシ

ブルではないため注意深い調整が必要。

ホームページ　http://www.pce.uw.edu/

■ 学校紹介㉔　**Homestay in Japan**

日本国内では数少ないホームステイ専業の団体

　世界中から日本に留学等のため訪れる外国人を募っており、短期から長期まで日本でのホームステイを斡旋。留学生、受け入れ家庭をそれぞれ一定基準のもとフィルタリングし、責任を持って互いに紹介、万が一のトラブルの時には仲裁役となる。空き部屋があるのであればオリンピックに向けたボランティアも兼ねて部屋を提供するもよし、また家族単位で国際交流をはかるもよし、さらには海外留学に出た家族の部屋を提供しボランティアと国際交流をしながら謝礼を留学費用の一部として相殺し経済面での負担をいくらか軽減するという考え方もできる。もちろんそれだけで留学費用がまかなえる類のものではないがこれにより留学がより実現可能なものになってボランティア性や国際交流にも家族全員が賛同し協力できるのであれば色々な意味で素晴らしいオプションになると考えられる。

ホームページ　http://www.homestay-in-japan.com/

巻末資料2
文中の資料出典リスト

Part 1

※1 英語検定結果の国際比較
http://www.ets.org/s/toefl/pdf/94227_unlweb.pdf
（表は、文科省が2011年に国別に集計作成したもの）

※2 留学者数の推移
http://www.mext.go.jp/a_menu/koutou/ryugaku/__icsFiles/afieldfile/2014/04/07/1345878_01.pdf

※3 米国の国際教育協会
（IIE: Institute of International Education）の調査
http://www.iie.org/Research-and-Publications/Open-Doors/Data/International-Students/Leading-Places-of-Origin/2012-14
http://www.iie.org/Research-and-Publications/Open-Doors/Data/Intensive-English-Programs/Leading-Places-of-Origin/2011-12

※4 トビタテ！留学JAPAN」プロジェクト
http://www.tobitate.mext.go.jp/about/
（独）日本学生支援機構（JASSO）
https://www.g-studyinjapan.jasso.go.jp/

Part 2

※1 文部科学省「平成23年度 児童生徒の問題行動等生徒指導上の諸問題に関する調査」
http://www.mext.go.jp/b_menu/houdou/24/09/__icsFiles/afieldfile/2012/09/11/1325751_01.pdf

※2 文部科学省「平成24年度『子どもの学習費調査』」
http://www.mext.go.jp/b_menu/toukei/chousa03/gakushuuhi/kekka/k_detail/1343235.htm

Part 3

※1 バンクーバー・インターナショナル・カレッジ
ホームページ（日本語）
http://www.vicenglish.com/ja/

※2 『STM』調査　世界約110ヵ国以上の留学関係者に読まれているイギリス Hothouse Media 社発行の留学業界誌『Study Travel Magazine』が行う調査

※3 世界の大学ランキング
The Times Higher Education は、イギリスのタイムズが新聞の付録冊子として毎年秋に発行している高等教育情報。略称は THES。2004年からワールド・ユニバーシティ・ランキングス（世界の大学ランキング）を公表。World University Rankings 2013–2014

Part 4

※1 ワーキング・ホリデー制度について
外務省の「ビザ（査証）」関連ホームページ
http://www.mofa.go.jp/mofaj/toko/visa/working_h.html

Part 5

※1 文部科学省「私立大学等の平成25年度入学者に係る学生納付金等調査」
http://www.mext.go.jp/a_menu/koutou/shinkou/07021403/1346053.htm

巻末資料3
留学の準備に役立つリンク先情報

■ AERA
http://www.aera.net/Newsroom/NewsReleasesand
Statements/StudyCommunityCollegeTransfersasLikelytoEarn
aBAasFour-YearStudents,DespiteCreditTransferRoadblocks/
tabid/15418/Default.aspx

■ ETS—2013 TOEFL iBT Total and Section Score Means
http://www.ets.org/s/toefl/pdf/94227_unlweb.pdf

■ STM—2014 Market Analysis—Australia
http://www.hothousemedia.com/ltm/ltmbackissues/
jul14web/jul14marketanalysis.html

■ STM—2013 Market Analysis—Canada
http://www.hothousemedia.com/ltm/ltmbackissues/
aug13web/aug13marketanalysis.htm

■ STM—2013 Market Analysis—Ireland
http://www.hothousemedia.com/ltm/ltmbackissues/
may13web/may13marketanalysis.htm

- **STM—2013 Market Analysis—New Zealand**
http://www.hothousemedia.com/ltm/ltmbackissues/nov13web/nov13marketanalysis.html

- **STM—2014 Market Analysis—UK**
http://www.hothousemedia.com/ltm/ltmbackissues/apr14web/apr14marketanalysis.html

- **STM—2014 Market Analysis—USA**
http://www.hothousemedia.com/ltm/ltmbackissues/jun14web/jun14marketanalysis.html

- **TIMES Higher Education—World University Ranking**
http://www.timeshighereducation.co.uk/world-university-rankings/2013-14/world-ranking

- **国際バカロレア機構**
http://www.ibo.org/facts/schoolstats/progsbycountry.cfm

- **仕送り額平均 日経新聞**
http://mw.nikkei.com/sp/#!/article/DGXNASDG0403K_U4A400C1CR8000/

- **総務省統計局　人口ピラミッド**
http://www.stat.go.jp/data/kokusei/2010/kouhou/useful/u01_z21.htm

- **日本生命調査**
https://www.nissay.co.jp/kojin/gakushi/thinkfee/

■ 文部科学省　国際バカロレアについて

http://www.mext.go.jp/a_menu/kokusai/ib/index.htm

■ 文部科学省
「平成22年度 児童生徒の問題行動等生徒指導上の
諸問題に関する調査」結果

http://www.mext.go.jp/b_menu/shingi/chukyo/chukyo3/047/
siryo/__icsFiles/afieldfile/2012/03/21/1318690_02.pdf

■ 文部科学省　平成24年子供の学習費調査

http://www.mext.go.jp/b_menu/toukei/chousa03/gakushuuhi/
kekka/k_detail/__icsFiles/afieldfile/2014/01/10/1343235_1.pdf

■ 文部科学省
平成26年若者の海外留学を取り巻く状況について

http://www.cas.go.jp/jp/seisaku/ryuugaku/dai2/sankou2.pdf

■ 文部科学省
私立大学等の平成25年度入学者に係る学生納付金等調査

http://www.mext.go.jp/a_menu/koutou/shinkou/07021403/
1346053.htm

■ 早稲田大学納入金

http://www.waseda.jp/jp/public/payment.html

■ 私大初年度納入金の平均額

http://headlines.yahoo.co.jp/hl?a=20141120-00000002-
resemom-life

株式会社プランB　会社概要

- **ビジョン**
  より多くの日本人が本当の意味でグローバル化に対応し、強い日本を復活できるよう留学の敷居を下げる

- **コアバリュー**
  - 世界中の教育機関の公式申込窓口
  - 一流教育機関へのロードマップを提供
  - 大手教育機関元日本責任者の確実なカウンセリングとサポート
  - プログラムのカスタマイズでジャストフィット
  - リーズナブルで透明度の高い費用設定

- **主な提供プログラム**
  - 1週間から1年間までの語学留学
  - サーティフィケート・ディプロマ取得
  - エリートボーディングスクール進学
  - 教育委員会主催公立高校進学
  - 世界トップランクの大学・大学院への条件付き入学保証
  - 有給／無給インターンシップ
  - ジュニア向けサマースクール

- **ディレクター高野幹生について**
  1971年福岡生まれ大阪育ち、東京在住。関西外国語大学中退。英国立リバプール大学マネジメントスクール修了（グローバルマーケティング専攻）。オーストラリアのJAL現地法人やインターナショナルモデルエージェンシー、商社勤務後に大手留学エージェントに入社するもその営業手法と利益構造のあり方に違和感を感じ、有志で留学エージェントを設立。マーケティングディレクターとして中堅クラスまで育てた後、英国系（現在は米国資本、学校総数は世界各国にのべ100以上）大手教育機関のスタディーグループインターナショナルからヘッドハンティングを受け、日本事務局代表を務める。日本全国の留学エージェントに対し英語圏への高校・大学・大学院進学および語学プログラムの勉強会やセミナーを提供し、各国大使館主催の留学フェア等でも留学相談に従事。これまでに対応した留学相談数は2500を超える。JACSAC認定カウンセラー。

- **株式会社プランB**
  〒194-0021　東京都町田市中町1-4-2　町田新産業創造センター2階
  Phone: 0120-476-676　　Email: info@pbi.jp　　URL: www.pbi.jp

English Conversational Ability Test
国際英語会話能力検定

● E-CATとは…
英語が話せるようになるためのテストです。インターネットベースで、30分であなたの発話力をチェックします。

www.ecatexam.com

● iTEP®とは…
世界各国の企業、政府機関、アメリカの大学300校以上が、英語能力判定テストとして採用。オンラインによる90分のテストで文法、リーディング、リスニング、ライティング、スピーキングの5技能をスコア化。iTEP®は、留学、就職、海外赴任などに必要な、世界に通用する英語力を総合的に評価する画期的なテストです。

www.itepexamjapan.com

留学の真実
りゅうがく しんじつ

2015年1月9日　第1刷発行
2017年12月7日　第2刷発行

著　者　　高野 幹生

発行者　　浦 晋亮

発行所　　IBCパブリッシング株式会社
　　　　　〒162-0804 東京都新宿区中里町29番3号 菱秀神楽坂ビル9F
　　　　　Tel. 03-3513-4511　Fax. 03-3513-4512
　　　　　www.ibcpub.co.jp

印刷所　　株式会社シナノパブリッシングプレス

© Mikio Takano 2015
Printed in Japan

落丁本・乱丁本は、小社宛にお送りください。送料小社負担にてお取り替えいたします。
本書の無断複写（コピー）は著作権法上での例外を除き禁じられています。

ISBN978-4-7946-0319-7